당신의 하루가
이글 속에서 조금이라도
쉬어가길 바랍니다

저자 박강수 드림

오늘도, 난 꿈을 꾼다

오늘도 난 꿈을 꾼다

지은이   **박강수**

1판1쇄 발행 2025년 11월 3일

편집&교정교열   **유혜지**
표지-본문디자인   **책공방(공간42미디어)**

발행인   **이용석**
발행처   **공간42미디어**
등록번호   **제2018-000222호**
등록일자   **2018년 7월 25일**
주소 서울특별시 마포구 와우산로 10길 37
전화번호 02)6334-9784
홈페이지 https://gongan42.tistory.com
이메일 gongan42@daum.net

한국어판 출판권 ⓒ 공간42미디어, 2025
ISBN 979-11-995330-3-5 (03190)

*잘못 만들어진 책은 구입처에서 교환해 드리며, 책값은 뒤표지에 있습니다.

오늘도 난 꿈을 꾼다

삶의 방향을 묻는 당신에게

박강수 지음

책공방

프롤로그

"오늘도, 나는 꿈을 꾼다"

저는 늘 '꿈꾸는 사람'이었습니다.

고된 현실 속에서도 세상을 향한 질문을 멈추지 않았고, 한 번 마음 먹은 일은 반드시 이루겠다는 신념으로 살아왔습니다. 최선을 다하면 실패를 해도 후회가 없고, 최선을 다하지 않으면 성공을 해도 후회한다는 다짐이기도 했습니다.

젊은 시절 저는 아무도 주목하지 않던 자리에서 언론의 가치를 이야기했고, 마침내 스스로 신문사를 창간했습니다. '정의는 외롭지 않아야 한다'는 외침 하나로, 작은 목소리를 세상에 전하고 싶었습니다.

그 열정 하나로 시작된 고난의 길에서 언론인만 아니라 기업가 역할도 해야 했습니다. 어렵사리 특허 기술을 개발하며 대한민국을 대표하는 발명인으로 불리기도 했습니다. 누군가는 이 모든 여정을 '성공'이라 불렀습니다.

저는 그저 묵묵히 나의 길을 걸었을 뿐입니다. 눈부신 결과보다 의미 있는 과정에 집중하고 싶었습니다. 때로는 넘어지고 때로는 외로웠지만, 그 모든 시간 속에서 내가 놓지 않았던 단 하나의 중심 — '사람'.

이제 저는 다시, 또 다른 꿈 앞에 서 있습니다.

새로운 길 위에서, 사람과 마을을 위한 더 따뜻한 내일을 만들고 싶다는 오랜 꿈, 청년이 내일을 설계할 수 있는 도시, 작은 목소리도 존중받는 사회를 향한 소망을 품었습니다. 어르신과 아이가 함께 웃는 마을을 만들고 싶다는 오랜 꿈, 청년이 내일을 설계할 수 있는 도시, 작은 목소리도 존중받는 사회를 실현하고 싶다는 소망.

    그래서 저는 이 책을 썼습니다.
    누구에게나 인생의 방향을 고민하는 순간이 있습니다.
    그때, 이 책이 조금이나마 당신에게 희망의 언어가 되기를 바랍니다.
    그리고 당신도 스스로의 내면에 이렇게 속삭일 수 있기를 —

"오늘도, 나는 꿈을 꾼다."

차례

프롤로그 • 005

PART 1
세상을 향한 첫걸음

작은 빛 하나로 시작된 길 • 016
내 삶을 안아준 이름, 어머니 • 021
어머니의 마지막 가르침 • 026
스물아홉 살의 CEO • 031
꿈이 아닌, 책임의 시작 • 036

PART 2
청년에게 보내는 인생의 나침반

갈 곳이 있는 발걸음은 힘차다 • 046
적은 돈은 아끼고 큰돈은 아끼지 마라 • 055
진심을 다하면, 실패도 의미가 된다 • 058
없을 때 그 소중함을 안다 • 061
은혜는 물질로 다 갚을 수 없다 • 067
3년을 사귀지 않고는 상대를 평가하지 마라 • 069
마음에 채찍이 되어줄 바늘을 품어라 • 072
준비보다 실천이 삶을 만든다 • 074
베풂도 거절도 웃으면서 하라 • 076

PART 3
'나'를 더 단단하게 만들기 위하여

청년의 첫걸음, 직업을 바라보는 눈 • 082
실패를 두려워하지 말라 • 086
돈보다 더 소중한 것 • 089
내가 상대에게 하는 말을, 상대가 나에게 하는 말이라 생각하라 • 095
선취임, 후퇴임 • 097
꿈은 크게, 그러나 실현 가능하게 • 100
선의의 이중인격을 가져라 • 103
생각의 깊이가 결과를 바꾼다 • 106
가장 작은 것이 가장 큰 성공을 가져온다 • 109

PART 4
그 길에 마음을 담다

사람을 위한 길 위에서 • 118
나를 흔든 단 하나의 이유 • 124
누군가의 하루를 바꾸는 자리 • 128
기억 속 눈물이 만든 길 • 133

새로운 길은 다시 꿈이 된다 • 137
쉼 없는 주말, 쉼 없는 마음 • 144
생각의 무게, 마음의 빛 • 147

PART 5
오늘도, 나는 꿈을 꾼다

어제의 나에게 띄우는 편지 • 154
시간보다 큰 열정으로 • 162
남은 시간에도 피어날 꿈 • 166
관계를 만드는 법, 신뢰를 쌓는 법 • 171
기회는 준비된 자에게 온다 • 175
흔들릴 때 붙잡아야 할 것 • 182
성장과 쉼, 균형을 배우다 • 186

에필로그 • 190

「그 첫걸음이 나를 만들었다」

누군가 내게 물었다.

"언제부터 이 길을 걸어오셨나요?"

나는 대답하지 못했다.

나에게 '시작'이란 결코 거창한 결심이 아니었기 때문이다.

살아야 했고, 버텨야 했고,

어떻게든 앞을 향해 걸을 수밖에 없는 시간들이었다.

어머니의 따뜻한 눈빛,

집이 아닌 거리에서 배운 인생,

그리고 스스로를 믿지 않으면 안 되었던 수많은 밤들.

그 모든 것들이, 오늘의 나를 있게 한
작은 빛이자, 나를 만든 첫걸음이었다.

PART 1
세상을 향한 첫걸음

작은 빛 하나로 시작된 길

어린 시절, 시골 뒷간의 전구가 지지직 소리를 내며 꺼진 적이 있었다. 한밤중, 불빛 하나 없이 화장실에 쪼그리고 앉아 있던 내게 그 순간, 섬광처럼 스치는 생각이 하나 있었다.

'어둠에 눈이 익으니까, 주위가 점점 밝아 보이는구나.'

처음엔 짙은 어둠이 너무나 두려웠다. 머릿속에는 별의별 해괴한 상상이 가득했다. 하지만 참고 버티자 어둠 속에서도 점점 주변이 낯설지 않게 다가왔고, 세상은 조금씩 밝아지기 시작했다.

'두려움에 눈을 감고 있었다면, 끝내 아무것도 보지 못했겠지. 하지만 깜깜해도 눈을 뜨고 버텼더니, 빛은 결국 내게 다가왔지.'

어둠 속에서도 보려고 애쓰니, 희끄무레한 화장실 문도, 변소 바닥의 깊은 구멍도 서서히 모습을 드러냈다. 칠흑 같은 구멍 아래 빠질까 걱정하던 마음도 어느새 사라졌다.

그날 나는 알았다. 어둠을 외면하지 않고 정면으로 바라보면 결국 보아야 할 것과 찾아야 할 것들이 보이기 시작한다는 걸.

앞이 보이지 않는다고 주저앉을 필요는 없다. 아주 미약한 빛이라도 그 빛을 향해 가겠다는 의지만 있다면, 어둠을 뚫고 앞으로 나아갈 수 있다. 선택은 결국, 내게 달려 있는 것이다.

사람들은 가끔 내게 묻는다.

"저 사람에게도 어려운 시절이 있었을까?"

겉으로는 평탄하게 살아온 것처럼 보였겠지만, 내게도 앞이 보이지 않는 암흑의 시기가 있었다.

돌아갈 수도 없고, 주저앉을 수도 없었던 시절.

숨이 턱까지 차오르는 고통 속에서도 포기할 수 없던, 그런 시간들이 분명 있었다. 그리고 그 어둠 속에서, 빛이 되어준 사람은 바로 어머니였다.

나는 형제들 가운데 유독 고집이 세고, 장난이 심한 말썽꾸러기였다. 그럼에도 어머니는 그런 나를 억누르지 않으셨다. 오히려 그 고집과 장난기를 좋은 쪽으로 이끌어 주셨고, 내 존재를 있는 그대로 인정해주셨다.

나는 그 사랑을 깊이 받았다. 하지만 오래 누리진 못했다. 그래서 내 마음속에는 언제나 지울 수 없는 깊은 외로움이 남아 있다.

어머니를 떠나보낸 이후, 나의 청소년 시절은 고달프고 외로웠다. 어머니의 부재는 암흑 그 자체였고, 동시에 '내 삶을 결코 헛되이 살지 않겠다'는 굳은 결심을 품게 한 힘이었다. 그 사랑은 내 삶의 방향을 단단하게 세워주었다.

살다 보면 누구나 삶을 포기하고 싶은 순간을 맞이하게 된다. 나도 마찬가지였다. 하지만 나는 어머니를 마음속의 빛으로 삼아 묵묵히 걸어왔다.

나에게 있어 어둠은, 결코 꿈을 꺾을 수 있는 장애물이 아니었다. 그 위기 속에서도 나는 내 인생을 다시 일으켜 세웠다.

나는 서른이 되기 전에 언론사 대표가 되었고, 그 이후에도 다양한 사회 활동을 이어갔다. 환경 지킴이 운동, 불우한 이웃을 돕는 일에 몸을 던졌다. 혼탁한 세상 속에서도 나는 미약하지만 맑은 빛을 비추고 싶었다.

어떤 이들은 내가 부유한 집에서 큰 고생 없이 살아온 줄 알지만, 나는 어려운 환경을 스스로 딛고 일어선 사람이다. 누구보다 어려운 이들의 마음을 이해할 수 있다고 믿는다.

이 책을 통해 나는 말하고 싶다.

어둠 속에서도 빛은 존재한다는 것.

그리고 그 빛을 찾는 데는 자신의 의지와 노력이 반드시 필요하다는 것.

어둠은 단지 눈앞에 놓인 일시적인 상황일 뿐이다. 그것은 결코 우리의 꿈을 꺾을 수 없다. 나는 내 삶을 통해 이 진실을 입증하고 싶다.

내 삶을 안아준 이름, 어머니

일곱 살 어린 시절, 나는 종이곽 성냥 통을 만지작거리며 놀고 있었다. 어느 집에나 하나쯤 있던 그 성냥은 어린 내게 끝없는 호기심의 대상이었다.

'왜 성냥은 하나씩만 켜는 걸까? 여러 개를 한꺼번에 붙이면 어떻게 될까?'

엉뚱한 상상을 품은 나는 성냥 하나에 불을 붙인 다음 빽빽이 꽂혀 있는 성냥개비들 속으로 불꽃을 들이댔다. 순식간에 치솟은 불길은 내 얼굴을 향해 무섭게 달려들었고, 머리카락과 눈썹이 타들어갔다. 아직 여린 얼굴까지 데었다.

놀란 나는 그 자리에서 엉엉 울음을 터뜨렸다. 동네 아이들이 밭일을 하던 어머니에게 달려가 소식을 전했고, 그 말을 들은 어머니는 신발도 신지 못한 채 맨발로 논둑길을 달려왔다.

방으로 뛰어든 어머니는 아무 말 없이 나를 번쩍 안아 들었다. 돌투성이 자갈길을 맨발로, 어머니는 십 리 넘는 거리를 단숨에 달려 병원까지 나를 데려가셨다. 숨이 턱에 차오를 정도로 달린 어머니의 등 위에서, 나는 세상에서 가장 크고 따뜻한 사랑을 느꼈다.

놀랍게도 내 얼굴에는 화상 자국 하나 남지 않았다.

어머니의 사랑은 마치 초능력처럼 나를 감싸주었다. 그날 등에 업혀 달리던 기억은 지금도 선명하다. 어머니의 거친 숨소리, 자갈길을 달리던 두 발의 떨림까지.

어머니는 어려움 없이 성장하셔서인지 마음 씀씀이가 참 남

달랐다. 종갓집 살림을 도맡으시던 시절, 해마다 크고 작은 제사와 잔치가 끊이지 않았지만 어느 하나에도 소홀하거나 인색함이 없었다. 잔치를 치를 때면 늘 손수 음식을 챙겨 이웃과 나누었고, 그 음식 꾸러미 속에는 언제나 넉넉한 인정이 담겨 있었다.

"아이고, 매번 뭘 이렇게 많이 싸주십니까?"
"이런 음식은 나눠 먹어야지. 두고 먹으면 안 되는 법이요. 식구들하고 가서 나눠 먹소."
"그래도 매번 이렇게 챙기시면……"
"아재도 별말을 다 하시네. 우리가 뭐 남이요. 한 동네 살면 다 식구지."

어느 날, 어머니의 따뜻한 마음을 우연히 다시 확인하게 되었다. 그날도 어머니와 나만 집에 있었다. 어머니는 곳간에서 나오시며 혼잣말을 하셨다.

"이상하네, 왜 자꾸 쌀이 빈다냐……."

잠시 후, 어머니는 결심한 듯한 얼굴로 일꾼 하나를 곳간 안으로 부르셨다. 그는 우리 집 허드렛일을 도우며 살아가던 청년이었다. 그 시절은 모두가 배를 곯던 가난한 때였다.

"아재가 그런 거 다아요……"
"뭘 말입니까?"
"아재가 맞지? 과거 일은 말 안 할란다. 그런데 아재가 이라문 안 되지 않냐. 다 아는 사이인데, 낯붉힐 수도 없고…… 나만 알고 있는 일로 할라요. 오늘 가져간 것만 말하소. 어딨소?"

나는 곳간 문 옆에 숨어서 두 사람의 대화를 듣고 있었다. 목울대가 절로 꿈틀거릴 만큼 긴장된 순간이었다. 일꾼은 잠시 입을 꾹 다물고 있다가 이내 얼굴을 일그러뜨리며 닭똥 같은 눈물을 흘렸다.

"나가 말하지 않소? 지금 있는 이 일은 아재와 나만 아는 비밀이요. 절대로 아무에게도 말 않겠소. 오늘 가져간 쌀, 어딨소?"

잠시 머뭇거리던 그는 결국 불쏘시개용으로 쌓아두었던 나뭇가지 밑에서 쌀 주머니를 꺼내왔다.

"이건 정말 아재와 나만 압시다. 나는 아재가 이젠 다시는 이런 일 하지 않을 거라고 믿소. 우리 그렇게 합시다."

그 일 이후, 어머니는 그 사건을 단 한 번도 입에 올리지 않으셨다. 호랑이 같은 아버지에게도 그 광경을 목격한 나에게도 마치 그런 일이 없었던 것처럼 조용히 가슴에 묻으셨다.

쌀이 금쪽 같이 귀한 간난의 시절이었다. 어머니는 쌀이 새어나가는 걸 알면서도 아버지 몰래 쉬쉬하며, 도둑이 될 뻔한 한 청년을 조용히 품어주셨다.

조금 손해 보며 살아도 괜찮다. 베풀어야 덕으로 돌아와 사람이라는 큰 재산을 얻는 법이다. 어머니는 그렇게 말보다 실천으로 가르쳐 주셨다.

어머니, 그리운 어머니…

어머니의 마지막 가르침

어머니를 떠올릴 때마다 가슴 한편이 아릿하게 저려온다. 그리움 때문만은 아니다. 한 여인으로서 어머니의 삶을 생각하면 마음 한구석이 먹먹해진다.

어머니는 다복한 가정에서 태어나 곱게 자라셨다. 시집온 뒤에도 소를 키우며 살림을 꾸려가는 여염집 안주인이셨다. 겉으로 보기엔 참으로 풍요롭고 여유로운 삶처럼 보였을 것이다.

하지만 어머니의 현실은 달랐다. 아버지께서 결혼 직후 해병대에 입대하셨고 그 뒤로도 오랜 시간 직업 군인의 길을 걸으셨다.

어머니는 신혼의 단꿈조차 누려보지 못한 채 남편 없는 집에서 다섯 남매를 홀로 길러야 했다. 자식들이 자라는 것을 유일한 위안 삼아 살아야 했던 쓸쓸한 시간이 이어졌다.

집에 계시는 동안에도 아버지는 다정하거나 살가운 분이 아니었다. 차가운 군인의 엄격함으로 어머니와 우리를 대하였고, 속 깊은 어머니는 그런 아버지에게 순종하면서도 늘 우리를 보호하려 속을 끓이셨다. 어머니가 견뎌내야 했던 삶은 한 여인으로서는 참으로 가혹했다.

결국 어머니는 병을 얻고 말았다. '죽음의 병'이라 불리던 폐결핵이었다.

어머니는 천천히 쇠약해졌고 결국 병석에 눕게 되었다. 초등학생이었던 나는 어머니의 병세가 나빠지는 과정을 지켜보았다.

어머니는 마침내 요양을 위해 막내 외삼촌댁으로 떠나셨다.

그 시절 결핵은 '곧 죽는 병'으로 여겨졌고, 감염에 대한 두려움 때문에 환자가 있는 집을 찾는 사람도 드문 때였다. 그럼에도 막내 외삼촌은 어머니를 기꺼이 모셔주었다.

곁에서 어머니가 사라진 뒤 나는 매일 공허함과 허전함 속에서 살아야 했다. 곁에 있을 땐 몰랐던 어머니의 빈자리는 가슴속에 커다란 구멍을 뚫어놓았다. 어머니를 못 견디게 그리워하게 된 것도 그 무렵부터였다.

결국 누나와 함께 어머니를 찾아 먼 길을 떠났다. 긴 버스 여정 끝에 도착한 외삼촌댁은 어딘가 썰렁했다. 외삼촌도, 숙모도 보이지 않았고, 어린 외사촌 동생만이 집 안을 어슬렁거리고 있었다. 마음이 급해진 우리는 이 방 저 방을 헤매다 사랑채 깊숙한 골방에서 어머니를 찾았다.

아, 어머니…

그 작은 방에 쓸쓸히 누워 계신 어머니를 보는 순간 나는 주체할 수 없는 눈물을 쏟아냈다. 어머니는 퀭한 눈으로 나를 바라보며 미소 지으셨다.

"우리 강수가 왔구나……."

나는 울음을 삼키며 어머니 곁으로 파고들었다.
어머니를 꼭 끌어안으며 조심스레 물었다.
"어매, 많이 아파?"

야윈 몸을 껴안은 나를 조용히 바라보시던 어머니는 한참이 지난 뒤에야 조용히 말씀하셨다.

"강수야, 나가서 놀아…"

그 한 마디가 가슴에 박혔다. 마치 뾰족한 송곳이 깊이 꽂히듯 아팠다.

그때 본 어머니의 얼굴이 내가 기억하는 마지막 모습이었다. 얼마 지나지 않아 어머니는 세상을 떠나시고 말았다.

나는 그때 중학교 2학년이었다. 어머니를 떠나보낸 이후 나는 사람을 쉽게 미워하거나 험하게 대할 수 없게 되었다. 내 앞에 있는 이도 어머니처럼 누군가의 사랑을 받고 자란 소중한 사람이라는 생각을 하게 되었다. 누구도 함부로 대할 수 없었다.

나는 지금도 서운한 일이 있어도 쉽게 싫은 소리를 잘하지 못하고, 직원들에게도 함부로 말하지 못한다.

사람들은 겉으로 보기에 나를 단단하고 강단 있는 사람이라 여긴다. 하지만 사실은 어린 시절 어머니의 처연한 미소가 내 마음 깊은 곳에 여린 무언가를 남겨 놓았다.

어머니는 말 대신 행동으로 가르치셨다.

깊고 넓은 바다처럼 품어주던 사랑, 구름 걷힌 밤하늘에 반짝이던 지혜, 사람의 허물을 덮어주는 따뜻한 관용, 그 모든 것을 어머니는 삶으로 보여주었다.

스물아홉 살의 CEO

　그 나이에 언론사 대표가 된다는 건 결코 쉽지 않은 일이었다. 신문 하나를 창간한다는 것은 단순히 회사를 차리는 것과는 차원이 달랐다. 말 그대로 세상의 한복판에 자신을 내던지는 일이었다.

　특히 당시 언론계는 녹록지 않았다. 겉으로는 언론 자유를 말하면서도 보이지 않는 장벽이 도처에 존재했다. 진실을 전하기 위해선 수많은 유혹과 압력, 그리고 끊임없는 시험을 견뎌야 했다. 나는 그런 현실 앞에서도 결코 물러설 생각이 없었다.

시작은 미약했다. 종잣돈이라 할 만한 자금도 없었다. 어렵사리 마련한 300만 원을 손에 쥔 채 사무실을 구하고, 기사를 쓰고, 사람을 구하고, 발로 뛰었다.

한밤중 가로등 불빛 아래 돌아오는 길. 주머니 속에는 늘 빚 독촉장이 구겨져 있었다.

하지만 가슴속엔 세상을 향한 뜨거운 신념 하나만이 남아 있었다.

'포기하지 않으면 길은 열린다.'

나는 그 믿음 하나로 버텼다.

사실 언론을 시작하게 된 데에는 단순한 이유가 있었다. 나는 누구보다 세상에 대해 말하고 싶었다. 가난한 사람들의 억울함, 소외된 이들의 아픔, 정의롭지 못한 세상의 모순, 그 모든 것을 제대로 세상에 알리고 싶었다.

그런 나의 작은 바람은 결국 '신문'이라는 무기를 내 손에 쥐게 만들었고, 나는 그 무기를 들고 세상 한가운데로 걸어 나갔다.

처음엔 두려웠다. 젊은 나이에 언론사를 이끈다는 것은 누구보다 더 치열하게 자신을 단련해야 한다는 뜻이었다. 내가 쓴 한 줄의 기사가 누군가의 인생을 좌우할 수 있다는 사실, 그 책임감은 때때로 내 어깨를 짓눌렀다. 하지만 나는 스스로에게 다짐했다.

'나는 절대 거짓을 쓰지 않겠다.'
'나는 외면받는 이들의 이야기를 세상에 전하고 싶었다.'
'나는 어떤 두려움에도 굴복하지 않겠다고 다짐했다.'

그 다짐은 당시 내 삶을 지탱하던 가장 단단한 축이었다.

스물아홉.
그냥 젊다고 하기엔 너무 버거운 책임을 짊어졌던 나이.
나는 바로 그 나이에 꿈을 현실로 만들어가기 시작했다.
내게 주어진 짧은 시간 동안 나는 누구보다 치열하게 고민했고, 누구보다 뜨겁게 뛰었다.

'세상의 변두리에 선 사람들을 잊지 않는 신문, 바른말과 옳은 일을 두려워하지 않는 신문.'

그것이 나의 꿈이었고, 나는 그 꿈을 위해 나를 불태우고 있었다.

꿈이 아닌, 책임의 시작

수백억을 벌고자 했다면, 나는 결코 신문사를 설립하지 않았을 것이다. 신문사는 돈을 많이 벌기 위한 사업으로는 적합하지 않다.

그러나 언론인의 길을 걸어온 것을 후회하지 않는다. 직원들의 생계를 책임져야 하는 신문사 대표의 입장에서 경영은 언제나 벅찬 일이었다. 이는 단순히 경영주 한 개인이 해결해야 할 문제가 아니었다.

사회가 함께 책임질 때 언론 부조리도 자연히 사라질 것이라 믿는다. 교육 사업과 언론 사업을 비교해보자. 공익적 성격이 강한 교육 사업에는 적자가 발생할 경우 정부의 부분적인 지원이 이뤄진다.

하지만 중소 언론사에 대한 정부의 지원은 극히 미미하다. 사회의 산소 같은 역할을 해보겠노라 다짐하며 혼자 힘으로 35년 넘게 신문사를 운영해왔다. 그 길은 결코 쉽지 않았다. 힘들고 고달팠던 날이 셀 수 없이 많았고, 포기하고 싶은 순간은 수도 없이 찾아왔다.

그러나 꿈을 향한 발걸음이 역경에 부딪쳐 주춤거릴 때에도 나는 지름길이나 샛길의 유혹에 빠지지 않았다. 언로의 공도(公道)를 따라 묵묵히 걸어왔다.

"사람은 빵만으로는 살 수 없다."

성서에 나오는 이 격언을 나는 이렇게 이해한다.
'생계만을 위하여 직업을 택하는 오류를 범하지 말라.'

매년 쏟아지는 취업난에 대한 기사나 방송을 볼 때마다 마음이 답답해진다.

대기업과 인기 직종에 대한 쏠림 현상, 그로 인한 일자리 시장의 병목 현상.

나는 묻고 싶다.

젊은이들은 과연 자신의 꿈을 이루기 위한 도전 의식을 갖추고 있는가? 조건이 좋은 곳, 연봉이 많은 곳, 부모님이 권하는 곳, 선배들이 좋다고 추천하는 곳, 혹시 이런 기준에만 매달려 있지는 않은가?

편안하게 먹고살기 위해 직업을 선택하는 사람은 쉽게 불행해질 수 있다. 작은 난관에도 안이한 생각으로 다른 직장을 찾고 싶어지기 때문이다. 스스로 직업의 고충을 이겨낼 면역력이 부족한 것이다.

하지만 만약 진심으로 원하는 '꿈의 직업'이 있다면, 그것은 일하면서 마주할 모든 어려움을 스스로 치유할 수 있는 가장 든든한 예방주사가 된다.

직업은 단순히 생계를 위한 방편에 그치지 않는다. 삶의 질과 희로애락을 결정짓는 중대한 선택이다. 그렇기에 사회에 첫발을 내딛는 젊은이들은 직업을 선택할 때 명확한 판단, 용기, 그리고 필요한 능력을 갖추기 위해 부단히 노력해야 한다.

단지 돈을 많이 벌 수 있다는 이유만으로 직업을 선택하기보다는 자신의 인생을 풍요롭게 만들어줄 수 있는 직업을 신중히 선택하길 진심으로 당부하고 싶다.

스콧 니어링은 말했다.
"생각하는 대로 살지 않으면, 사는 대로 생각하게 된다."

이 말을 가슴 깊이 새겨야 한다.
꿈을 향해 걸어가는 삶,
그것이야말로 진정으로 아름다운 인생이니까.

인생의 방향을 묻는 너에게

나도 너처럼 방황했다.

무엇이 옳은지,
어디로 가야 할지 몰랐던 순간이 수도 없이 많았다.

하지만 그때마다 삶은 조용히 말해주었다.

"다시 묻고, 다시 걸어라."

청춘은 정답을 찾는 시기가 아니라
자신만의 기준을 세우는 시기다.

나는 그 기준을
'사람답게 살자'는 말에서 찾았다.

삶이 흔들릴 때마다
이 인생훈들이 너에게 작은 나침반이 되어주었으면
좋겠다.

결국, 삶은 '어떻게 살았는가'로 기억된다.

PART 2

청년에게 보내는 인생의 나침반

갈 곳이 있는 발걸음은 힘차다

지금도 힘든 일이 생기거나, 마음이 지칠 때면 나는 스스로에게 이렇게 되뇐다.

"갈 곳이 있는 발걸음은 힘차다."

이 말은 단순한 위로가 아니다.

중학생 시절 인생을 걸고 가출을 감행했던 나날 속에서 뼈저리게 깨달은 진실이었다. 어머니가 세상을 떠나고, 새어머니가 들어오면서 나는 어린 마음에 세상이 무너지는 듯한 충격을 받았다.

아버지께서 우리 형제들을 둘러앉혀 새어머니를 맞이할 거라 말씀하셨을 때 다른 형제들은 묵묵히 고개를 숙였지만 나는 끝까지 맞섰다.

"지금은 이해하겠습니다만, 앞으로의 문제는 두고 봐야겠습니다."

그 당돌한 한마디는 어린 나의 서운함과 불안함을 모두 담고 있었다. 집안 분위기는 점점 삭막해졌고, 나는 마음 둘 곳을 잃고 방황하기 시작했다.

'이 집이 내 집이 아니라면, 세상 어딘가에 내 길이 있겠지.'

그런 심정으로 나는 중학교 3학년 때 집을 몰래 빠져나왔다. 작은 가방 하나를 들고 주저 없이 기차에 몸을 실었다. 목적지는 서울. 외삼촌을 찾아가 도움을 받아야겠다는 막연한 희망뿐이었다.

그러나 서울은 나를 맞아줄 준비가 되어 있지 않았다.

서울역 앞에 내려섰을 때, 나는 그제야 이 거대한 도시가 얼마나 냉정한 곳인지 실감했다. 높이 솟은 빌딩들, 숨 가쁘게 오가는 사람들.

그 누구도 내 질문에 귀를 기울여주지 않았다.

"혹시 이런 사람 아세요?"

지나가는 사람들의 소매를 붙잡고 외삼촌 이름을 물었지만, 돌아오는 건 따가운 눈총과 헛웃음뿐이었다. 어떤 아저씨는 내 머리를 툭 치며 말했다.

"이놈아, 서울에서 김 서방 찾기냐?"

그렇게 하루를 거리에서 떠돌았다. 돈은 바닥났고, 밤은 점점 깊어갔다.

그 순간 거리의 어둠 속에서 나는 포착되었다. 용산 일대에서 악명 높던 깡패들이 내 주변을 서서히 에워싸기 시작했다. 거친 눈빛과 위협적인 몸짓 속에서 나는 본능적으로 위험을 감지했다.

'이대로 끌려가면 끝장이다.'

간절하게 주위를 둘러보다가 지나가던 구레나룻 아저씨를 붙잡고 매달렸다.

"저 좀 도와주세요. 깡패들이 저를 끌고 가려고 해요. 아저씨 아는 척이라도 해주세요!"

아저씨는 나를 잠시 바라보더니 고개를 끄덕이며 내 어깨를 감싸 안았다.

"뭡니까, 이 사람들? 이 아이는 내 조카인데, 무슨 볼일이라도 있소?"

그 말 한마디에 깡패들은 슬그머니 물러났다. 나는 겨우 목숨을 구했다.

그 아저씨는 나를 천안까지 데려다주며 말했다.

"정읍까지 가는 기차표를 끊어줄게. 조심해서 돌아가."

나는 아저씨의 배려 덕분에 다시 고향 쪽으로 향할 수 있었다. 기차에서 내려 100킬로미터가 넘는 거리를 두 발로 걸었다. 배는 고프고 다리는 통통 부었다. 밤에는 길가에 웅크리고 잠을 청하며 버텼다. 이틀 동안 걸은 끝에 무장터미널에 도착했을 무렵 나는 정신이 혼미해질 정도로 탈진해 있었다. 참다못해 매표소 아주머니에게 간절히 부탁했다.

"뭐라도 좋으니, 먹을 것 좀 주세요."

아주머니는 내 몰골을 보고 안쓰러운 눈빛을 보내며 말했다.

"아까 끓여놓은 라면이 있다. 먹을라냐?"

나는 주저 없이 고개를 끄덕였다.

그녀가 내어준 건 국물도 다 스며들어 떡처럼 불어터진 라면 한 그릇이었다. 그럼에도 그것은 내 인생에서 가장 맛있는 음식이었다. 그 한 그릇 덕분에 나는 다시 일어설 힘을 얻었다.

서울역 앞에 주저앉아 오고 가는 사람들의 힘찬 발걸음을 바라보던 순간을 나는 잊을 수 없다.
'갈 곳이 있는 발걸음은 힘이 넘치는구나.'

그때 깨달았다.
목표 없는 방황은, 그저 시간과 인생을 낭비하는 것에 지나지 않는다.

방황할 시간에 내가 누구인지, 어디로 가야 할지를 고민해야 했다. 목적지를 정한 뒤에는, 오직 그 길로 묵묵히 걸어가야 했다.

인생은 장거리 마라톤과 같다. 1진 대열에서 한 번 낙오하면, 다시 따라잡기 위해선 몇 배의 노력이 필요하다. 그러니 처음부터 대열에서 낙오하지 않도록 자신만의 삶의 지침을 세우고, 최선을 다해야 한다.

딴생각에 정신 팔지 않고 자신의 자리에서 묵묵히 걸어가는 것처럼 아름다운 일이 없다고 믿는다.

갈 곳을 정하고 걷는 사람의 발걸음은 언제나 힘차고 빛난다.

"목표 없는 방황은 인생을 낭비하는 일이다.
갈 곳이 있는 발걸음은, 언제나 힘차고 빛난다."

적은 돈은 아끼고 큰돈은 아끼지 마라

돈을 벌어보니 알겠더라. 돈이 모이지 않는 사람에겐 공통점이 있었다. 적은 돈은 우습게 보고, 큰돈은 무서워한다는 점이다.

삼천 원짜리 커피는 아무렇지 않게 사 마시면서, 수십만 원짜리 자기 계발이나 미래 투자엔 쉽게 결정을 못 내린다. 반대로, 미래에 대한 목표나 분명한 계획이 있는 사람은 커피 한 잔에도 의미를 두고, 필요한 순간엔 큰돈도 망설이지 않는다.

적은 돈을 아끼는 건 습관이고, 큰돈을 아끼지 않는 건 결단이다.

이 두 가지가 함께할 때 비로소 목표는 현실이 된다.

스물아홉에 회사를 시작할 때도, 내가 가진 건 거의 없었다. 명함 한 장 만들기 어려운 시절이었다.

나는 철저하게 돈의 목적을 나눴다. 점심값은 김밥 한 줄로 아꼈고, 필요한 기자재와 인재 영입에는 과감히 투자했다. 그 기준이 없었더라면 지금의 나도 없었을 것이다.

무슨 일을 하든, 목표를 세운다면 그 목표를 이루기 위한 자금이 반드시 필요하다. 그 자금은 하늘에서 떨어지는 것이 아니라, 평소에 모은 적은 돈에서 비롯된다.

적은 돈은 애써 모으지 않으면 쌓이지 않고, 큰돈은 써야 할 때 아끼면 일을 그르친다.

요즘 청년들은 돈에 대해 불안해한다. 그런데 진짜 불안한 건 돈이 없는 게 아니라, 어디에 써야 할지 모르는 것이다. 돈을 보는 기준, 아껴야 할 곳과 과감히 써야 할 곳을 구분하는 감각이야말로, 청년에게 가장 먼저 필요한 자산이다.

"적은 돈을 아껴야 큰 꿈을 키울 수 있고,
큰돈을 아끼지 말아야 그 꿈을 현실로 만들 수 있다."

진심을 다하면, 실패도 의미가 된다

살다 보면 마음속에 오래 남는 순간이 있다. 대개 잘된 일이 아니라, 내가 정말 최선을 다한 일이다.

수많은 선택의 기로에서 한 가지는 분명히 깨달았다.

"결과가 아쉬워도, 내가 할 수 있는 만큼 다 했다면 후회는 남지 않는다."

누군가를 돕는 일이든, 나 자신을 위해 나아가는 일이든 언제나 한 가지 질문을 내 안에 품었다.

"지금 이 순간, 나는 진심인가?"

삶은 정직하다. 마음을 다해 임한 일은 비록 실패로 끝나더라도 그 과정이 나를 단단하게 만든다. 무엇보다도 스스로에게 떳떳할 수 있다.

그와 반대로, 짧은 성공을 거두고도 마음 한편이 허전한 순간도 있었다. 성과는 있었지만 정작 나는 그 일에 제대로 임하지 않았던 것이다.

그런 날엔 박수보다 후회가 더 크게 남았다. 진심 없이 얻은 결과는 오래가지 못한다. 그건 마치 내 것이 아닌 성공처럼 낯설고 공허했다.

지금도 스스로에게 묻는다.

'오늘 하루, 나는 얼마나 집중했는가. 후회 없이 다 했는가. 진심을 다했는가.'

세상은 빠르다. 기회는 짧고, 판단은 냉정하다.

나는 청년들에게 말하고 싶다.

"너 자신에게 부끄럽지 않을 만큼만 해내라. 실패는 괜찮다. 그러나 무성의는 결국 너를 배신한다."

삶을 멋지게 사는 사람은 성공한 사람이 아니라, '후회 없는 하루'를 모은 사람이다. 최선을 다하는 그 시간이 결국 당신을 어디론가 데려다줄 것이다.

그게 꿈이든, 사랑이든, 당신 자신이 진심으로 원하는 그것이든.

"후회 없는 인생은 완벽한 인생이 아니라,
최선을 다한 순간들의 집합이다."

없을 때 그 소중함을 안다

고등학교 시절, 우리 집 앞에는 큰 나무 한 그루가 우뚝 서 있었다. 그 나무는 넓은 그늘을 드리워 마당을 감싸주었고, 나는 종종 담장 밑에서 책을 읽거나 친구들과 놀곤 했다.

어느 날, 또래 아이들과 마당에서 제기를 차며 놀고 있었다. 나는 담벼락에 기대 책을 읽고 있었고, 친구들은 들뜬 목소리로 뛰어다니고 있었다.

그때였다. 친구의 할아버지께서 매우 느리고 힘겨운 발걸음으로 마당을 지나고 계셨다. 중풍으로 거동이 불편했던 분이라

평소엔 좀처럼 외출하지 않으셨는데 무슨 일인지 혼자 어딘가를 다녀오시는 길이었다.

그런데 갑자기 그분이 우리 집 앞에서 힘없이 쓰러지셨다. 순간적으로 나는 놀라 달려갔다. 그러나 정작 옆에 있던 할아버지의 손자는 달랐다. 그는 쓰러진 자신의 할아버지를 외면한 채, 아무렇지 않게 놀이에만 집중하고 있었다.

속으로 '저런, 나쁜 놈'이라고 생각하면서도, 나는 우선 달려가 할아버지를 부축해 드려야겠다는 생각뿐이었다. 친구의 집은 150미터쯤 떨어져 있었다. 나는 전속력으로 달려가 상황을 알렸다. 마침 친구의 집에는 할아버지의 아들과 며느리도 있었다. 그런데 그들도 역시 아무 일 아니라는 듯 무반응이었다.

너무 기가 막혀 말도 나오지 않을 즈음 안에서 할머니가 황급히 뛰어나오셨다.

"아이고, 영감! 이게 어찌 된 일이오…"

그제야 상황이 급변하기 시작했다.

할머니는 할아버지를 부둥켜안으며 애태웠고, 나는 조심스레 할아버지를 방 안에 눕혀 드린 뒤 자초지종을 설명해 드렸다. 그리고 돌아서려는 찰나, 할머니가 내 손목을 붙잡으며 말씀하셨다.

"영감이 죽으면, 너부터 돼지고기를 주겠다."

그 말이 웃기면서도 이상하게 가슴을 울렸다. 그 시절 돼지고기는 귀한 음식이었다. 할머니는 고마운 마음을 그렇게 표현한 것이었다.

돌아오는 길에 나는 많은 생각에 잠겼다. 당시 나는 어머니를 여읜 지 얼마 되지 않았고, 할머니도 할아버지도 곁에 없는 외로운 생활을 하고 있었다. 그래서 그 쓰러진 할아버지가 더더욱 안타깝게 느껴졌는지도 모른다.

반면 친구는 부모님도 조부모님도 모두 계셨다. 그런데도 그 소중함을 전혀 느끼지 못하고 있었다.

그날 이후, 나는 깨달았다. 사람은 '있을 때'는 그 고마움을 모른다. 없어졌을 때야 비로소 그 존재의 의미를 깨닫는다. 그러나 그때는 이미 늦은 경우가 많다.

우리는 흔히 무언가를 당연하게 여기고 산다.
그러나 당연한 것은 없다. 모든 것은 누군가의 존재, 사랑, 희생 위에 서 있는 것이다. 가족이든, 친구든, 돈이든, 건강이든, 사랑이든 무엇이든 없을 때 그 소중함을 안다.

이 단순한 진리를 너무 늦기 전에 마음에 새겨야 한다.

"곁에 있을 때는 잘 모릅니다.
하지만 사라지고 나면,
비로소 그 소중함을 깨닫게 됩니다."

은혜는 물질로 다 갚을 수 없다

살다 보면 우리 인생에는 언제나 예상치 못한 어려움이 찾아온다. 그럴 때 누군가의 따뜻한 관심과 작은 도움은, 그 자체로 큰 희망과 용기가 된다. 도움을 받은 사람은 그 순간을 잊지 못하고, 마음 깊이 고마움을 간직하게 되기 때문이다.

인간답게 살아간다는 것은, 어려움을 외면하지 않고 마주하는 데서 시작된다.

그러나 현대 사회는 경제적 여유가 없다는 이유로 힘든 이들을 돕기를 망설이거나 외면하는 경우가 많다. 특히 경제적 어려움을 견디고 있는 이들에게 그런 무관심은 더 큰 상처가 된다.

그래서 더더욱, 자신에게 손 내밀어준 사람에 대한 감사는 그 물질의 크기를 떠나 깊은 울림으로 남는다.

비록 물질로 다 갚을 수는 없지만, 그 마음은 오래도록 기억되고, 삶을 다시 일으킬 따뜻한 불씨가 된다. 진심 어린 배려와 온정은 인간성을 지키는 일이며 우리 마음속에 영원히 남는 '보이지 않는 빛'이 된다.

그래서 나는 믿는다.

누군가의 진심 어린 손길은, 그것 하나만으로도 우리의 인생을 구할 만큼 큰 힘이 된다. 은혜는, 그것만으로도 충분히 값지고 아름다운 것이다.

> "진심으로 받은 은혜는 물질로 갚을 수 없다.
> 그 마음을 잊지 않고 다시 누군가에게 건네는 것,
> 그것이 우리가 세상에 빛을 남기는 방법이다."

3년을 사귀지 않고는 상대를 평가하지 마라

우리는 흔히 첫인상에 기대어 사람을 판단하곤 한다. "믿음직스러워 보인다", "성실하게 생겼다" 등 외모나 말투만으로 상대를 평가하곤 한다.

그러나 '열 길 물속은 알아도 한 치 사람 속은 모른다'는 말처럼 외모만 보고 성급하게 믿음을 주는 건 때로 큰 실망감을 느낄 수 있다. 사람의 본모습은 환경이나 상황, 또 자신의 입장에 따라 얼마든지 달라질 수 있다. 진정으로 그 사람을 알고자 한다면, 단편적인 모습이 아니라 시간 속에서 드러나는 품성과 태도를 지켜봐야 한다.

우리는 종종 이렇게 말한다.

"교도소에 가보면 사기꾼은 사기꾼을, 도둑놈은 도둑놈을 못 속인다."

겉모습만 봐서는 진짜 모습을 알기 어렵다는 뜻이다.

특히 인간관계에서 배신을 겪었던 사람들은 상대를 쉽게 판단하고 거리를 두는 경향이 짙다. 하지만 그런 태도는 결국 더 큰 오해와 상처를 낳게 된다. 사람을 깊이 이해하기 위해선 시간이 필요하다.

적어도 3년은 함께 지내며, 그 사람의 말과 행동을 곁에서 지켜볼 때 비로소 신뢰할 수 있는 관계가 만들어진다.

사람을 알아가는 데 있어 시간을 견디는 마음과 기다릴 줄 아는 인내는 진정한 인간관계를 만드는 가장 중요한 조건이다.

"사람은 단편이 아니라,
시간 속에서 드러나는 진심으로 판단해야 한다.
인간관계도 결국, 기다릴 줄 아는 사람이 이긴다."

마음에 채찍이 되어줄 바늘을 품어라

세상을 살아가는 동안 인간이 항상 정도(正道)만을 걸을 수는 없다.

행여 잘못된 길로 갈지도 모르는 자신을 위해 마음에 채찍이 되어줄 '각성의 바늘'을 품어야 한다.

사람은 누구나 자신의 인생에 맞는 목표를 세우고 성실하게 살아가려 애쓴다. 하지만 때로는 순간적인 감정에 휘둘려 비뚤어진 선택을 하기도 한다. 그 이유는 인간이 본래 유혹에 약한 존재이기 때문이다.

주변의 달콤한 유혹 앞에서 마음이 쉽게 흔들리고, 심리적으로도 방심하면 좋지 않은 생각과 행동으로 이어지기 쉽다. 그렇게 한 걸음 두 걸음 어긋나다 보면 처음 품었던 인생의 방향에서 멀어지고 자신조차 알아채지 못한 채 본래의 길을 벗어나게 된다.

그래서 인생이 흔들리는 그 시점에 다시 중심을 잡고 목표를 붙들어줄 자기만의 냉철한 마음의 회초리, 곧 '각성의 바늘'이 반드시 필요하다.

목표를 세우는 것만으로는 부족하다. 그것을 이루기 위해 모든 유혹으로부터 자신을 지켜낼 수 있는 깊고 단단한 의지, 그리고 흔들림 없는 마음의 힘이 필요하다.

"인생에는 나를 깨우는 '각성의 바늘'이 필요하다.
유혹을 이기고 방향을 잃지 않으려면,
내 마음속 중심을 매일 다잡아야 한다."

준비보다 실천이 삶을 만든다

성경을 보면, 신의 권위를 무시한 인간들이 자기 욕심의 표상으로 바벨탑을 쌓았다는 이야기가 나온다. 신은 그 노여움으로 탑을 무너뜨리고 사람들을 전 세계로 흩어지게 하셨다.

그만큼 인간의 욕심은 끝이 없다. 만족할 줄 모르는 인간의 마음은 밑 빠진 항아리와 같다.

아무리 물을 부어도 결코 채워지지 않는다. 그런 밑 빠진 항아리에 물이 가득 차야 비로소 만족하며 베풀겠다는 말은 결국 영원히 베풀지 않겠다는 말과 다르지 않다.

'자기만족을 이룬 후에야 남을 도우겠다'는 생각은 평생을 자기만 채우며 살아가겠다는 뜻이다.

만약 열 개를 가지고 싶은 마음으로, 그 열 개를 모두 가졌을 때에야 베풀겠다는 것은 애초에 베풀 마음이 없는 뜻이다.

실제로 우리 사회는 돈이 많은 사람들이 인색한 반면 오히려 가진 것 없는 사람일수록 정이 넘치는 경우가 많다.

내가 조금 없고 부족하더라도 먼저 남을 생각할 줄 아는 마음, 그것이 바로 진심으로 베푸는 마음이다.

"베풂은 여유가 생겨서가 아니라,
마음이 있어야 가능한 일이다.
진짜 부유함은 가진 것보다 나눌 줄 아는 데서 비롯된다."

베풂도 거절도 웃으면서 하라

살면서 누구나 한두 번쯤은 경제적 어려움을 겪게 된다. 그러다 보면 본의 아니게 가까운 사람들에게 아쉬운 소리를 해야 할 때가 있다.

절친한 누군가에게 돈을 구한다고 가정해보자. 그런데 상대가 지갑에서 돈을 꺼내더니 침을 발라가며 천천히 세어 보고 다시 뒤집어 세어 보고, 그것도 모자라 지갑에 넣었다 꺼냈다를 반복하며, "이거 안 되는데…"라는 말을 연거푸 되뇌며 마지못해 빌려준다고 치자.

그때 돈을 빌리는 사람의 심정은 어떻겠는가? 아마도 심한 굴욕감과 모욕감을 느낄 것이다. 갚아줄 돈을 빌리는 것이 아니라 자신의 전 인격이 구겨지는 느낌이 들 것이다.

그렇지만, "내 사정이 이러이러하니 언젠가는 꼭 갚아줬으면 해요." 이렇게 웃으며 진심을 담아 건넨다면 빌리는 사람도 기분 좋게 빌려 가고, 빌려준 사람 또한 마음에 꺼림 없이 받아들일 수 있을 것이다.

반대로, 상대의 자존심을 건드리게 되면 빌려 간 사람은 고마운 마음보다 오히려 마음속에 상처나 증오심을 품을 수 있다.

돈이란 있다 없다를 반복하는 것이다. 그러나 그 돈 때문에 한 사람이 다른 사람에게 모욕감을 느끼게 한다는 것, 그건 도저히 그냥 넘길 수 없는 일이다.

그리고 돈이 없을 때에도 정중하게, 웃으며 거절할 수 있는 여유를 갖는 것 또한 중요하다.

돈을 빌려주는 입장이라면, '승낙할 것인지, 거절할 것인지'를 명확히 판단하고 상대에게 최선의 예의를 다해 대화하는 것, 이런 태도는 관계를 지키는 최소한의 배려다.

항상 웃으며 예의를 갖추고 상대방을 대하는 지혜, 그것은 결국, 세상을 살아가는 데 큰 힘이 된다.

"돈보다 더 귀한 것은 사람의 자존심이다.
베풀 때도, 거절할 때도, 진심과 예의를 담아라.
그게 결국 당신의 품격이 된다."

PART 3

'나'를 더 단단하게 만들기 위하여

청년의 첫걸음, 직업을 바라보는 눈

청년들에게 묻고 싶다.
하루 중 가장 많은 시간을 어디에 쓰는가.
그 시간을 바치는 곳이 바로 '일터'다.

직업은 단순히 돈을 버는 수단이 아니다.
매일 아침 다시 일어설 이유가 되어 주고,
하루의 자존감과 희망을 세우는 터전이다.

나 역시 스물아홉 어린 나이에 언론사를 책임지며 일이 얼마나 무겁고 값진 것인지 배웠다. 쉬운 길은 아니었다. 그러나 그 길을 통해 나는 매일 한 걸음씩 성장했다.

직업을 선택할 때 가장 먼저 키워야 하는 것은
바로 '보는 눈'이다.

세상에는 수많은 직업이 있지만,
내가 정말 오래 함께할 수 있는 길을 찾기 위해선
먼저 '나'를 잘 아는 것이 출발점이다.

관심과 적성을 살펴보라.
좋아하지도, 흥미도 없는 일을
억지로 오래 할 수는 없다.

조금이라도 마음이 움직이는 분야를 찾아야 힘든 순간에도 버틸 이유가 생긴다.

그리고 지속 가능성을 살펴야 한다.
단기적인 유행이나 주변의 시선만 좇으면
조금의 바람에도 흔들리기 쉽다.

오랫동안 성장할 수 있는 가능성이 있는지를
깊이 고민해봐야 한다.

사람을 살피는 안목도 필요하다.
일은 결국 사람과 함께하는 것이다.

누구와 일할지, 그 사람들이 어떤 마음을 갖고 있는지 관심을 기울여야 한다. 좋은 동료는 나의 성장을 이끄는 가장 든든한 자산이 된다.

또 한 가지, 배움의 기회를 보라.
처음부터 완벽한 직업은 없다.
배울 것이 많고, 성장할 여지가 있는 일이라면
조금 부족해도 충분히 도전할 가치가 있다.

마지막으로, 가치관을 살펴야 한다.
이 일이 누군가에게 도움이 되는 일인가?
내가 자부심을 가질 수 있는 일인가?
직업의 의미를 자신만의 언어로 해석해보면

흔들리지 않는 기준을 만들 수 있다.

나는 수많은 시행착오 속에서도 나를 붙잡아 준 건 결국 내가 선택한 일에 대한 애정이었다.

청년들에게도 전하고 싶다.
조건보다, 스펙보다
자신의 마음이 움직이는 곳을 보라고.

하루하루 쌓아 올린 시간이 결국 인생이 된다. 직업을 선택한다는 것은 곧 자신의 삶을 선택한다는 일이다.

후회 없는 하루를 위해,
그리고 웃음을 지을 수 있는 인생을 위해
조금 더 깊이, 조금 더 넓게
직업을 바라보는 눈을 키워가길 바란다.

실패를 두려워하지 말라

청년들에게 한 가지 꼭 말해주고 싶다.

"실패를 두려워하지 말라."

나는 언론사를 창간하며 수많은 어려움에 부딪혔다. 돈도 없었고, 인맥도 부족한 상태로 언론계라는 낯선 바다에 홀로 뛰어들었다. 하지만 그 길을 선택한 순간부터 나는 물러설 수 없었다.

신문사를 운영하며 수많은 압박과 시련이 있었다.

결코 작은 벽이 아니었다.

그러나 그 시련을 "실패"라고 부르고 싶지는 않다.

그것은 단지 더 나은 방향을 찾기 위한 값진 경험이었기 때문이다.

청년들도 기억했으면 한다.

도전에는 언제나 두려움이 따라온다.

한 번의 선택이 모든 것을 바꿔버릴까, 혹은 주변의 시선을 잃어버릴까 망설이게 된다. 그러나 시도조차 하지 않으면 그 두려움조차 극복할 수 없다.

실패를 겪지 않는 인생은 없다.

단지 어떤 사람은 그 실패를 좌절로 기억하고,

어떤 사람은 성장의 발판으로 삼는다.

나는 뒤를 돌아보면 그토록 힘들었던 순간들조차 결국 나를 더 단단하게 만들었다는 걸 알게 된다.

스펙이나 안정된 길을 좇기보다,
마음속에 있는 '해보고 싶은 일'을 향해
한 번쯤 용기 내어 부딪혀 보라고 말해주고 싶다.

그 길이 비록 매끄럽지 않아도
그 안에서 배우는 값진 경험이
평생을 살아가는 밑거름이 되어줄 것이다.

혹여 실패가 찾아온다 해도 너무 두려워하지 말라.
실패는 잘못이 아니라, 더 큰 꿈을 향해 나아가는 한 걸음일 뿐이다.

내가 살아온 길처럼
청년들의 도전에도 언젠가
빛나는 결실이 맺히기를
진심으로 응원한다.

돈보다 더 소중한 것

청년들에게 묻고 싶다.

"얼마를 벌면 만족할 수 있을까?"

요즘 세상은 돈이 전부인 듯 이야기한다.
수입, 연봉, 재테크, 부동산. 어디를 가도 숫자와 금액이 우선이다.

나 역시 젊은 시절, 돈의 무게를 무시할 수 없었다.
가난을 이겨내야 했고, 가족의 생계를 책임져야 했기에

돈이 얼마나 중요한지 뼈저리게 느꼈다.

하지만 돌이켜보면, 그 시절 나를 버티게 해준 것은 통장 속의 숫자가 아니라 사람과의 관계, 그리고 나 자신을 지키려는 마음이었다.

돈은 분명 필요하다.
그러나 그것만으로는
삶의 본질을 채울 수 없다.

누구와 함께 일할지,
어떤 의미로 살아갈지,
그리고 이 사회에 어떤 자취를 남길지를
고민해야 한다.

돈으로 살 수 없는 가치…
신뢰, 명예, 존중
이런 것들이야말로 결국
인생을 지탱해주는 진짜 버팀목이 된다.

신문사를 운영하면서 정말 많은 이들에게 도움을 받았다. 그 분들은 내게 자본이 아니라 믿음을 주었다. 내가 넘어질 때 손을 내밀어 주었고, 외로울 때 곁을 지켜주었다. 그 마음이 없었다면 어떤 돈으로도 오늘까지 버틸 수 없었을 것이다.

돈은 순간을 해결해 주지만,
사람이 주는 믿음과 희망은
삶 전체를 바꾼다.

청년들에게 꼭 전하고 싶다.
돈을 좇기 전에, 사람을 먼저 보라.
믿을 수 있는 동료, 함께 성장할 수 있는 환경이야말로 가장 큰 자산이다.

좋은 친구, 좋은 스승, 좋은 인연을
소중히 여겨라.
당장은 돈보다 덜 빛나 보여도,
그것이 쌓이면
결국 가장 큰 부를 만들어 준다.

나는 지금도 늘 생각한다.

내 곁에 남아 있는 사람들,

내 편이 되어 주는 사람들,

그분들이야말로 내가 가진 가장 큰 재산이다.

청년들에게 이 말을 기억해 주었으면 한다.

"돈은 살아가는 수단일 뿐, 삶의 목적이 아니다."

 그리고

"돈보다 더 소중한 것은 결국 사람이다."

내가 상대에게 하는 말을,
상대가 나에게 하는 말이라 생각하라

사람들은 대부분 자신의 입장에서 생각하고 말한다. 즉, 지극히 주관적인 사고와 행동을 한다는 의미다.

그렇게 자기 입장에서만 판단하고 행동하다 보니, 우리는 일상 속에서 종종 불필요한 마찰과 갈등을 겪게 된다.

인간관계에서 무엇보다 중요한 건 자기중심주의를 벗어나 타인의 입장을 헤아리는 태도다. 상대의 시선에서 생각하고 그 입장에서 말을 건넨다면 불필요한 실수도 줄어들고 관계도 훨씬 더 원만해진다.

반면, 상대가 어떻게 받아들일지를 전혀 고려하지 않은 채 무작정 말하고 행동하게 되면 그 말 한마디가 누군가에게는 지우기 힘든 상처가 될 수도 있다.

혹시 주변 사람들이 나를 부담스러워하고 멀리한다면 그건 어쩌면 내가 그런 생각이 들게끔 말하고 행동했기 때문일지도 모른다.

역지사지.
인간관계에 있어 이보다 더 강력한 지침은 없다.

"내가 상대에게 하는 말을, 그가 나에게 한다면?"

이 한 문장을 마음에 품고 살아간다면 우리는 더 많은 사람들과 따뜻하게 연결될 수 있다.

"말은 내뱉는 것이 아니라 건네는 것이다.
상대의 마음을 먼저 생각하는 한마디가
당신을 더 깊고 넓은 사람으로 만든다."

선취임, 후퇴임

무슨 일이든 자신감은 중요하다. 하지만 그 자신감이 준비되지 않은 자신감일 때, 그것은 곧 경솔함이 된다.

특히 '이제는 뭔가 새로운 일을 시작해야겠다'는 결심만으로 지금 하고 있는 일을 성급히 그만두는 것은 큰 위험을 안고 있는 선택이다.

"집 밖의 토끼를 잡으려다, 집 안의 토끼까지 놓친다."

이 오래된 속담처럼 지금 손에 쥔 것을 잃지 않으면서 새로운 가능성을 열어가는 지혜가 필요하다.

새로운 도전을 앞두고 있다면 그만큼 더 치밀하게 준비하고 계획하고 판단해야 한다. 지금 하는 일을 멈추기 전에 그 다음 걸음을 위한 안전망이 확실히 마련되어 있는지를 반드시 살펴야 한다.

직장도 마찬가지다. 감정적인 이유 하나로 충동적으로 사표를 던지고 아무런 계획 없이 뛰쳐나오는 것은 자신의 커리어에 오랜 공백과 후회를 남길 수 있다.

준비 없이 떠나는 여정은 방황이 되고 계획 없는 도전은 실패로 이어지기 쉽다.

자신의 다음 스텝을 그리려면 반드시 현재의 기반을 단단히 다진 뒤 '선(先)취임, 후(後)퇴임' 원칙을 명심하자.

이 원칙은 현명한 사람의 움직임을 만드는 첫걸음이다.

"먼저 새로운 것을 손에 넣은 후,
지금의 것을 놓아라.
계획 없는 도전은
용기가 아니라 무모함이다."

꿈은 크게, 그러나 실현 가능하게

요즘은 TV, 인터넷, 유튜브 같은 미디어가 발달해 초등학생들도 세상을 어렴풋이나마 알고 있다. 예전처럼 "장래희망이 뭐니?"라는 질문에 천편일률적으로 '대통령'이라고 답하는 경우는 드물다. 대신 가수, 선생님, 탤런트 등 보다 구체적이고 현실적인 답변이 돌아온다.

내가 어릴 적만 해도 아이들의 꿈은 대개 엄청나게 컸다. 현실에 부딪히며 그 커다란 꿈은 점점 작아지거나, 때로는 일찌감치 포기되기도 했다. 누구나 자신의 능력과 현실의 벽을 마주하기 때문이다.

물론, 꿈은 '꿈'이어야 한다. 현실과는 거리가 있기에 우리는 그것을 꿈이라 부른다. 하지만 한편으로 그 꿈은 자기 삶 속에서 반드시 이뤄내고 싶은 목표이기도 하다.

그래서 결국 실현 가능한 꿈을 가져야 한다. 자기 능력과 적성을 충분히 고려해서 살아가는 동안 이룰 수 있는 한 단계 위의 목표를 품는 것이 중요하다.

반대로, 충분한 능력이 있음에도 그저 적당한 선에서 안주하며 도전하지 않는다면, 결국 그 사람은 자신의 꿈을 잃어버리게 될 수도 있다.

"꿈을 꾸되, 실현 가능한 꿈을 꾸자."

그리고 그 꿈을 이루기 위해 전력을 다할 때 비로소 세상이 '살맛나는 곳'으로 느껴질 것이다.

"꿈은 커야 한다.
하지만 이룰 수 있어야 한다.
도전 없는 현실은 안주일 뿐이고,
실현 없는 꿈은 공상일 뿐이다."

선의의 이중인격을 가져라

규율이 생명인 군대에서는 명령 불복종은 절대로 용납되지 않는다. 군인은 나라를 지켜야 한다는 근본적인 의무와 책임이 있기 때문에 인간적인 감정에 호소하기보다는 확실한 명령 체계와 상하 관계에 그 질서의 근간을 두고 있다.

하지만 그와 같은 경직된 질서가 군 생활을 넘어 가정으로까지 이어진다면 어떻게 될까?

가족들과의 갈등, 저항, 정서적 거리감 등 다양한 문제가 발생할 수밖에 없다. 이처럼 어떤 환경에서는 통하던 언행이 다른 환경에서는 전혀 어울리지 않을 수 있다.

　인격도 마찬가지다. 한 가지 성격이나 태도를 모든 상황에 일관적으로 적용하려 해서는 안 된다. 그렇게 되면 오히려 얻는 것보다 잃는 것이 더 많아질 것이다.

　흔히 "공과 사를 구분하라"는 말을 한다. 그 말은 곧 선의의 이중인격을 가지라는 뜻이다. 즉, 상황에 따라 역할을 달리할 줄 아는 지혜를 말한다.

　때와 장소에 어울리는 말과 행동을 할 수 있는 사람이 진정으로 현명하고 유연한 사람이다. 그 반대의 사람은 정장 차림으로 가야 하는 식장에 운동복을 입고 등장하는 사람과 다르지 않다.

　아무리 좋은 마음과 의도가 있어도 맥락과 상황을 고려하지 않으면 오히려 오해를 살 수 있다.

"한 가지 얼굴로는
세상을 온전히 살아갈 수 없다.
상황에 맞는 지혜로운 태도가
'진짜 나'를 단단하게 만든다."

생각의 깊이가 결과를 바꾼다

나는 35년 넘게 신문사를 운영하면서 정말 다양한 개성과 능력을 가진 사람들을 만나왔다. 그 과정을 통해 깨달은 것이 있다.

'일머리'란 결국 얼마나 효율적으로 해내는가에 달려 있다.

예를 들어, 똑같이 책 한 권을 편집하는 일이 주어졌을 때 어떤 사람은 40일이 걸리고, 어떤 사람은 며칠 만에 뚝딱 끝낸다. 그렇다고 40일이 걸린 사람이 더 꼼꼼하게 일했다는 뜻은 아니다.

그는 새벽같이 출근해 쉬지도 않고 밤늦게까지 심지어 새벽까지 일했지만 결과물은 늘 아슬아슬하거나 마무리가 덜 된 상태였다.

반면, 단 며칠 만에 일을 마무리한 사람은 짧은 시간 속에서도 완성도 높은 결과물을 내놓았다.

그 차이는 어디서 오는 걸까?
일을 시작하기 전 얼마나 충분히 생각했는가.
얼마나 준비되어 있었는가.
이것이 핵심이다.

나는 그런 모습을 보며 다시 한번 느꼈다.
세상에는 미련하게 일하는 사람과 현명하게 일하는 사람이 따로 있다.

무엇이든 철저한 준비와 충분한 고민이 선행되어야 최소한의 시간과 노력으로 최고의 성과를 낼 수 있다. 반대로, 아무 생각 없이 덤비는 일 처리는 시간만 낭비하고 성과는 없으며 결국 체력과 감정까지 소진된다.

생각하며 살아가는 삶, 그건 특별하거나 어려운 일이 아니다. 단지, 조금 더 준비하고, 조율하고, 지혜롭게 행동하는 것, 그것이 세상을 헤쳐 나가는 힘이다.

"많이 일하는 사람이 아닌,
깊이 생각하는 사람이 결국 해낸다."

가장 작은 것이 가장 큰 성공을 가져온다

"그까짓 건 별것 아니야."

많은 사람들이 무심코 던지는 말이다.
작은 실수, 사소한 문제, 눈에 잘 띄지 않는 시작들.

하지만 나는 안다.
성공은 언제나 가장 작고 희미한 것에서 시작된다.
황금도 처음에는 희미한 한 줄기의 맥으로 이어져 있다.

그 빛나는 광물도 처음엔 먼지처럼, 흔적처럼 지나가는 선에

불과하다.

　그 미약한 선을 놓치지 않고 따라가는 사람이 결국 금맥을 캐는 사람이다.

　작은 것에는 늘 '처음'이 숨어 있다.
　그 처음을 무시하면 아무것도 찾을 수 없다.

　나는 그렇게 살아왔다.
　신문사 창간도, 장애인 및 환경보호 등 다양한 사회 활동도, 그리고 지금 하고 있는 마포구청장의 일도 모두 아주 작은 '관심'과 '문제의식'에서 비롯되었다.

　길 위에 떨어진 종이 한 장, 외면받던 누군가의 눈물, 그 작고도 보잘것없는 장면에서 마음이 움직였고 그 움직임이 결국 나를 지금의 자리까지 데려다주었다.

　암도 초기에 발견하면 살 수 있지만, 무심코 넘기면 돌이킬 수 없게 된다.

사람 사이의 갈등도 마찬가지다. 처음의 불편함을 잘 다듬고 정리하면 이해가 되지만, 무시하고 쌓아두면 결국은 큰 오해가 된다.

좋은 일도, 나쁜 일도, 모두 작은 신호에서 시작된다.

나는 청년들에게 말해주고 싶다.

"작다고 무시하지 말라. 그 작은 것이 너를 어디로 이끌지 아무도 모른다."

작은 습관이 사람을 바꾸고, 작은 친절이 세상을 움직이고 작은 질문이 삶의 방향을 바꾼다. 그것이 삶의 진짜 원리다.

나는 정치인이기 전에, 행정가이기 전에, 작은 일 하나에도 마음을 다했던 시민이고 싶다.

구청장이 된 지금도, 눈에 보이지 않는 민원 하나,
누군가의 속앓이 같은 작은 목소리 하나를 놓치지 않으려 애쓴다.

　가장 작은 것이 가장 큰 성공을 가져온다는 믿음이 내 안에 있기 때문이다.

　청년의 시기는 거대한 계획보다도 작은 실천이 필요한 시간이다. 커다란 비전을 말하는 것도 좋지만 지금 눈앞의 일에 진심을 다하는 사람만이 그 비전을 이루는 사람이다.

　너무 작아 보여도, 너무 하찮아 보여도,
　그 안에 진심을 담는다면
　그것이 너의 가장 큰 성공의 출발점이 될 것이다.

　　"황금도 희미한 한 줄기 맥에서 시작되듯,
　　너의 성공도 아주 작고 사소한 시작에서 출발한다.
　　작다고 놓치지 마라.
　　그 작은 것이 너를 가장 먼 곳으로 데려다줄 수 있다."

결심은 말이 아니라 행동이다

새로운 길을 선택할 때마다 나는 스스로에게 물었다.

단 한 사람의 삶이라도 바꿀 수 있다면
그것이 내가 살아온 이유가 되지 않을까,
그 생각뿐이었다.

사람을 향한 마음,
일상을 더 낫게 만드는 작지만 깊은 결정들.
언론인으로서 할 수 없었던 그 일을
나는 행정의 자리에서 하고 싶었다.

'정치'가 아닌 '사람'을 위해 선택한 길.
이제는, 말보다 행동으로 보여주고 싶다.

나의 선택이 후회 없는 것이 되기를 바라며,
오늘도 다시 묻는다.

"나는 왜 이 길을 걷고 있는가."

PART 4
그 길에 마음을 담다

사람을 위한 길 위에서

"제 이름은 박강수이고요. 아홉 살입니다. 제 성격은 밝고 명랑하여 친구들과 잘 어울리는 것을 좋아합니다. 커서 대통령이 되어 가난하고 불쌍한 사람들을 위해 일하고 싶습니다."

어릴 적 학급 문집에 적은 그 말. 지금도 또렷이 기억난다. 그땐 단지 텔레비전 속 인물처럼 되고 싶다는, 철없는 소년의 꿈이었는지도 모른다.

그러나 그 문장 안에는 이미 내 마음 깊숙이 새겨진 다짐이 있었다.

'누구도 외롭거나 억울하지 않은 세상에서 살게 해주고 싶다.'

그 말 한 줄이, 살아가는 내내 나를 밀어주고 끌어당겨 주었다.

기자는 수많은 사람들의 이야기를 듣는 직업이다. 사람이 / 인터뷰이가 어떤 삶을 살아왔고, 지금 어떤 생각을 품고 있고, 어떤 고통에 침묵하고 있는지를 매일 마주한다. 나는 그런 직업을 오래도록 경험했다.

매일 아침 일찍 출근해 신문사를 열고, 데스킹을 하며, 취재 지시를 내리고, 편집을 도왔다. 그 바쁜 일상 속에서도 나는 늘 '사람'을 중심에 두려 했다.

단 한 문장이 기사로 보도되더라도, 누군가의 억울함이 밝혀지고 또 누군가의 희망이 되길 바라며.

하지만 시간이 흐르며 마음속에 작은 질문이 생겼다.

"이제는 기록하는 것을 넘어서, 직접 그 안으로 들어가야 하는 건 아닐까?"

어떤 사건도, 어떤 정책도, 사람의 입장이 되기 전에는 피부에 와닿지 않는다.

나는 그 피부가 되고 싶었다. 관찰자가 아니라, 함께 걷는 사람이 되고 싶었다.

마포의 한복판, 어느 날 화력발전소 인근의 취재를 다니며 내 삶은 다시 흔들리기 시작했다. 아이들이 먼지를 마시며 자라고 있었고, 주민들은 수년째 반복되는 건강 문제로 고통받고 있었다. 그런데도 제도는 여전히 복잡한 절차 속에 묶여 있었다.

한참을 고민하다, 나는 마음 깊은 곳에서 오래 잠자고 있던 질문 하나를 꺼내 들었다.

"내가 직접 참여한다면, 조금이라도 바꿀 수 있을까?"

그 질문이 내 삶의 방향을 바꾸었다..

그 선택은 거창한 포부나 정치적 야망이 아니라, '이웃'이라는 말의 무게를 받아들이기로 한 마음이었다. 그보다는 '이웃'이라는 말의 무게를 받아들이기로 한 선택이었다.

누군가가 내게 말했던 그 말처럼 "정치는 제도나 권력이 아니라, 사람을 위한 결심"이라는 것을 그때 비로소 깨달았다.

그러나 행정은 생각보다 훨씬 더 어려운 길이었다. 책상에서 보던 정책들은 현실에서는 쉽게 움직이지 않았고, 주민의 삶은 통계보다 훨씬 더 복잡하고 예민했다.

정답은 없었지만, 분명한 방향은 있었다.

'사람에게 가까이 다가가는 것.'

나는 매일 그 방향을 향해 걷는다. 때로는 비판을 듣고, 때로는 지지자의 손을 잡으며, 실패할 수도 있고 부족할 수도 있지만 이 길의 시작만큼은 언제나 '사람'이었다는 것을 나는 잊지 않는다.

지금도 나는 아홉 살의 박강수를 기억한다. '밝고 명랑해서 친구들과 잘 어울렸던 그 아이'. 그리고 조용히 문장 하나를 쓰며 꿈을 품었던 그 아이.

"커서 가난하고 불쌍한 사람들을 위해 일하고 싶습니다."

그 문장은 여전히 내 삶의 나침반이다. 지금도 나는 누군가를 위해 일하고 싶다.
누구도 외롭지 않은 도시, 누구도 뒤처지지 않는 골목.
그곳을 향해 나는 매일 걷는다.

청년들에게 말하고 싶다.
세상이 각박하다고 느껴질수록 나 하나쯤은 따뜻한 사람이 되기로 결심해 보자.

꿈은 결코 크기에서 시작되지 않는다. 작은 마음 하나가 세상의 균열을 메우는 단단한 돌이 되기도 한다.

나 역시 지금도, 그 마음 하나로 살고 있다.

정치가 아니라 사람을 위한 결심, 그것이 내가 선택한 삶의 방식이다.

나를 흔든 단 하나의 이유

그날의 기억은 아직도 생생하다.

29살, 나는 작은 언론사를 운영하며 당인리 화력발전소 주변에 처음으로 언론사 사옥을 마련했다.

처음엔 마포에 대한 애정으로, 그리고 다음엔 미래 가치에 대한 믿음으로 사옥을 들였지만, 그 선택은 내 삶의 방향을 완전히 바꿔놓는 계기가 되었다.

'서울 도심 한복판에 지하 화력발전소를 짓는다고?'

한강과 맞닿은 아름다운 공간, 그곳에 수많은 위험이 도사리고 있다는 사실을 마주했을 때 나는 처음으로 '이건 아니다'라는 확신을 가졌다.

도심 속 만 평의 넓은 부지 아래, 지하 30미터를 파서 고압가스 배관이 통과하는 지하 화력발전소를 짓겠다는 계획은 상식적으로 받아들이기 어려운 일이었다.

만약 가스가 새거나 터진다면, 이 조용한 동네는 돌이킬 수 없는 참사로 무너질 수 있었다.

전문가들은 말했다.
어느 나라도 도심지에는 물론, 변두리조차 지하 화력발전소를 짓지 않는다.

그 무모함을 마주한 나는 온몸이 떨렸다. 이건 단순한 개발이 아니라 생명의 문제였다.

나는 언론인으로서 수없이 많은 취재를 해왔다.

그러나 그날만큼은 기자로서가 아니라 한 사람의 시민으로서, 한 아이의 아버지로서, 누군가의 아들이자 친구로서 그 자리에 서 있었다.

'누군가 이 현실을 멈춰야 한다.'

그 결심이, 마음에 불씨를 지폈다.

그 발전소에서 불과 몇백 미터 떨어진 곳에 아이들이 뛰어놀고, 노인들이 산책하며, 가족들이 삶을 일구고 있었다. 나는 그 모든 모습을 지켜보며 스스로에게 되물었다.

"정말 이대로 괜찮은가?"

위험을 알면서도 그저 아무 일 없기를 바라며 눈감아야 했을까.

나는 언론인으로서, 그리고 마포를 아끼는 한 사람으로서 목소리를 내기로 결심했다.

이전까지 나는 언론을 통해 세상을 바꾸고 싶다고 생각했다.

그러나 그날 이후로는 언론의 힘만으로는 지켜낼 수 없는 가치가 있다는 것을 절실히 깨달았다. 그래서 나는 나아가야 할 방향을 새로 정했다.

"위험을 줄이고, 마포를 지키고 싶다."

그 시작점에서 내가 바라본 미래는 단 하나였다.

아이들이 뛰놀 수 있는 공간, 누구나 안심하고 걸을 수 있는 공공의 장소.
그곳이 언젠가 '에너지 과학 공원'처럼 배움과 휴식이 공존하는 안전한 공간으로 거듭나기를 바랐다.

나는 바꾸고 싶었다. 그저 계획만 있고, 누구의 책임도 없이 진행되던 행정을.

사람의 마음이 깃든 정책, 그리고 삶을 중심에 둔 행정으로 전환하고 싶었다. 어쩌면 그 바람 하나가 나를 마포의 구청장이라는 자리로 이끌었는지도 모르겠다.

누군가의 하루를 바꾸는 자리

구청장이 된 후, 가장 크게 달라진 것은 '시간'이 아니었다. 오히려 시간은 이전보다 더 짧아졌고, 해야 할 일은 끝없이 길어졌다.

진짜 달라진 것은, 어깨에 내려앉은 무게였다. 민선8기 첫날, 새벽이 오기도 전에 집을 나섰다. 어둠 속에서 마포 거리를 지나며 가슴 속에 자문했다.

'나는 지금 왜 이 길을 걷고 있는가.'

그 물음은 지금도 매일 아침 내 발걸음과 함께 다시 시작된다.

그 무게는 보이지 않지만 묵직했다. 하루 수백 건씩 쏟아지는 민원들, 작은 골목 하나의 낙엽도 문제로 들어오는 이 자리에서 내가 내려야 하는 결정 하나하나는 누군가의 삶에 직접 닿아 있다.

행정이란, 수치가 아니라 사람의 마음을 돌보는 일이라는 것을 나는 절감했다. 쉽지 않았다.

보고를 받고 현장을 확인하고, 회의를 마치면 다시 전화가 온다. 어르신의 허리가 아프고, 아이의 통학로가 위험하며, 가게 앞 도로가 너무 미끄럽다고 말하는 주민들의 목소리.

어떤 날은 이런 생각도 했다.

'내가 지금 이 모든 것을 감당할 수 있는 사람인가.'

하지만 곧 깨달았다.

공직이란 '감당할 수 있는 사람'이 하는 일이 아니라, '감당하려고 결심한 사람'이 버텨내는 자리라는 것을.

무엇보다 구청장은 혼자 일하는 자리가 아니었다. 함께하는 직원들이 있었고, 무엇보다 마포를 사랑하는 주민들이 있었다.

시간이 흐르며 조금씩 기준이 달라졌다. 처음에는 '잘한다'는 평가가 중요했지만, 지금은 '진심으로 했다'는 말이 더 절실하다.

내가 내린 수많은 판단과 선택 속에서 때로는 예상과 다른 결과도 있었지만
 그 어떤 순간에도 마음만은 외면하지 말자고 다짐했다. 그 마음이 밤 11시가 넘어도 해결되지 않은 현장을 떠날 수 없게 만들었다.

그것이 겨울 눈밭 위에서 주민과 함께 걷게 했다.

예산은 넉넉하지 않았다. 도움이 절실한 곳은 많고, 자원은

늘 부족했다.

때로는 "왜 이것밖에 못해요?"라는 주민의 물음에 정말 아무 말도 할 수 없을 때도 있었다. 하지만 그럴수록 더욱 절실하게 다짐했다.

'아껴야 한다. 정말 필요한 곳에, 진심이 닿을 수 있는 곳에 써야 한다.'

행정은 숫자가 아니라 '결정'이다. 그 결정은 결국 '누구를 위하느냐'에서 무게가 갈린다.

나는 구청장이기 전에 한 사람의 시민이었고, 가난한 이웃에게 쌀을 나눠주셨던 내 어머니의 아들이었다. 그 마음을 잊지 않으려 애썼다. 그것이 지금 이 자리를 지탱하는 유일한 힘이기도 하다.

어느 날, 한 언론 기자가 말했다.

"구청장님, 마포구 직원들 너무 힘들 것 같아요."

그 말을 지금도 나는 마음속으로 되뇐다.

그래서 우리는 더 많이 웃고, 더 많이 걸어야 한다고, 행정이 고되고 무거울수록, 사람을 향한 마음은 더 단단해져야 한다고.

'무게'라는 말에는 책임이 있다. 하지만 나는 이제, 그 무게가 삶을 짓누르는 것이 아니라 누군가의 삶을 조금 더 따뜻하게 받쳐주는 버팀목이 되기를 소망한다. 그게 내가 이 자리를 선택한 이유이기도 하다.

오늘도 새벽이 밝아오고 있다.
어제보다 더 나은 내일을 위해, 다시 구청의 문을 연다.
그리고 다시, 묻는다.

'나는 왜 이 길을 걷고 있는가.'

그리고 다시, 대답한다.

'마포를 사랑하니까. 사람을 사랑하니까.'

기억 속 눈물이 만든 길

나는 오래전부터 장애인과 그 가족들에게 각별한 애정을 품고 살아왔다.

장애인올림픽 선수위원회 후원회장으로 활동하며 장애를 가진 이들이 스포츠를 통해 얼마나 치열하게 세상과 싸우는지 목격했다. 또 대한장애인사격연맹 회장으로 일하며, 불편한 몸을 이끌고 세계무대에 오른 선수들과 함께 환호도 눈물도 나눴다.

그들은 결코 동정의 대상이 아니었다. 인간으로서의 가능성과 자존을 온몸으로 증명해내는 '선생님' 같은 존재들이었다.

그런 내가 마포구청장이 되고 나서 마주한 한 어머니는 오랫동안 잊히지 않는다. 나는 그분을 '울보 아줌마'라고 불렀다. 늘 눈가에 눈물이 맺혀 있었기 때문이다.

장애를 가진 자녀를 돌보는 그녀의 하루는 다른 사람보다 몇 배의 인내와 체력이 필요했고 작은 외출조차 큰 결심이 필요한 일이었다.

장애인 가족들은 함께 여행을 가는 것조차 어렵다. 편의시설이 부족하고 사람들의 시선이 따갑고 예기치 못한 상황에 대비할 공간조차 없기 때문이다.

'장애를 가진 아이와 함께 여행 가는 것? 그건 우리에겐 사치예요.'

울보 아줌마의 말은 나를 깊이 아프게 했다.

그때 문득, 이런 생각이 떠올랐다.
장애인만을 위한 소형 호텔을 지을 수 있다면 어떨까?

휠체어가 자연스럽게 드나들 수 있는 입구, 장애인용 욕실과 부엌, 부모와 아이가 함께 쉬며 '가정' 같은 시간을 보낼 수 있는 작은 공간. 그런 곳이 있다면, 가족들은 '세상과 단절된 일상'에서 잠시 벗어날 수 있을 것이다. 그 생각을 전했을 때, 울보 아줌마는 또 울었다.

하지만 이번엔 슬퍼서가 아니라,

"그렇게 생각해주는 사람이 있다는 것만으로도 힘이 돼요."

라는 말과 함께였다.

장애를 가진 사람들과 그 가족들은 그저 특별한 배려나 시혜를 원하는 것이 아니다. 단지 똑같은 일상 똑같은 공간에서 조금 더 '같이' 숨 쉬고 싶을 뿐이다.

나는 그런 자리를 만들고 싶다. 물론 지금 당장 실현되기 어려운 일일 수도 있다. 하지만 꿈은 지금이 아니어도 누군가의 마음에 닿기만 한다면 언젠가 또 다른 이름으로 현실이 될 수 있다.

나에게 장애는 '불편'이 아니라 '함께 살아가는 이유'를 가르쳐준 선물이었다.

지금도 마포 어딘가에서 그 울보 아줌마가 자녀와 함께 걷고 있을지도 모른다. 나는 그 가족의 하루가 조금이라도 덜 고단하길 바란다.

그리고 오늘도 다짐한다.
사람의 마음이 닿는 자리에서,
진짜 행정이 시작된다고.

새로운 길은 다시 꿈이 된다

구청장이라는 자리는 '행정가'의 역할이 아니다.
나는 늘 그렇게 믿었다.

그보다 먼저 이 자리는 구민을 위해 봉사하는 사람, 그리고 한정된 자원을 아끼고 지키는 살림꾼이어야 한다. 그것이 나의 신념이다.

행정은 숫자가 아니라 사람의 마음을 지키는 일이다. 그래서 나는 책상보다 현장을 택했고, 보고서보다 주민의 눈을 더 오래 들여다봤다.

어떤 날은 공덕시장 천막 아래에서, 어떤 날은 상암동 골목 끝 작은 빌라 앞에서, 그리고 또 어떤 날은 도화동 상가 계단에서 마주한 누군가의 사연에 마음이 무너졌다.

하지만 무너질 틈도 없었다. 갈 곳이 있는 발걸음은 힘차다. 나는 그 힘을 믿고 다시 발을 내디뎠다.

나는 언론인이었지만, 언론인으로서 할 수 없는 일이 분명히 있었다.

그건 구민의 삶 안으로 직접 들어가 함께 싸우는 일이었다.

행정의 벽은 생각보다 높았다. 실무자의 입장이 되어보니, 주민의 일상을 모른 채 탁상 위에서 추진하는 정책이 얼마나 위태로운지 깨달을 수밖에 없었다.

그래서 나는 결심했다.

"구청장이 되어도 이 벽에 안주하지 않겠다. 현장을 잊지 않겠다."

그 마음은 어쩌면 오랫동안 내 마음속에 뿌리내린 어머니의 삶과 닮아 있었다.

가난한 이웃에게 쌀 한 됫박을 나눠주시던 어머니.

어려운 이웃에게는 따뜻한 말 한마디조차도 귀한 선물이라 던 어머니.

그 기억은 지금도 나의 행정을 지탱하는 뿌리이자 기준이 된다.

"마음이 아닌 몸으로, 노력만이 아니라 실적으로, 구민의 삶을 응원하고 지지하겠다."

이 다짐은 약속이자 신념이 되었다. 그래서 나는 오늘도 쉼 없이 마포의 이곳저곳을 걸었다.

상암에서 합정까지, 도화에서 용강까지, 공덕에서 염리까지.

그 길 위에는 늘 사람이 있었고, 사람의 이야기가 있었고, 사 람이 기대는 눈빛이 있었다.

예산은 충분하지 않았다. 교부금은 거의 없었고, 부동산 경기의 하락은 세수에도 큰 영향을 주었다. 그래서 더 신중해야 했다. 어디에, 어떻게 써야 할지.

'아껴야 복지를 한다.'는 생각은 내가 구청장으로서, 살림꾼으로서 지켜야 할 중요한 원칙이었다.

그래서 때로는 '더 하고 싶어도 못 하는' 안타까움 속에서도, 반드시 필요한 일에 쓰겠다는 의지로 방향을 잡았다.

어느덧 취임 3년,

새벽부터 새벽까지, 보고서를 접고 뛰었던 시간들이 지나고 나는 다시 처음의 마음을 떠올린다.

"왜 이 길을 걷기로 했는가?"

그 물음의 답은 여전히, 그리고 앞으로도 변하지 않는다.

"사람을 위해서. 마포를 위해서."

청년들이 더 많이 웃고, 아이들이 더 안전하게 뛰어놀고, 어르신들이 혼자 외롭지 않은 동네. 그리고 장애가 있든 없든, 누구나 함께 살아갈 수 있는 동네.

그런 마포를 만들기 위해 나는 오늘도, 살림꾼의 발걸음으로 이 길을 걷는다.

이 길 끝에 다시, 꿈이 있기 때문이다.

쉼 없는 주말, 쉼 없는 마음

주말이 오면, 솔직히 나는 두렵다.

누군가에게는 쉼과 여유의 시간이지만, 나에겐 조금 다른 의미였다. 주민들의 마음을 마주하고, 수많은 행사를 소화하며 다정한 인사를 나누는 그 시간이
결국은 내 일의 연장이었다.

어쩌면 너무 바빠서, 나는 종종 녹초가 되었다. 몸이 따라주지 않는다는 걸 느끼면서도 멈출 수 없었다. 주민 한 사람, 한 사람의 눈빛에 담긴 기대와 작은 목소리를 흘려들을 수 없었기 때

문이다.

나는 구청장 취임 이후, 단 하루도 쉬어본 적이 없다.

그 흔한 해외여행 한 번 다녀오지 못했다. 누군가는 여행으로 삶을 충전한다지만 나는 마포를 지키는 이 시간이 여행이었다.

주말마다 이어지는 행사들,
곳곳에서 건네 오는 사연과 부탁들,
때론 나를 지치게 했지만
그래도 마음 한편이 놓이지 않았다.

혹여나 나를 기다리는 목소리를 외면하고 지나칠까 봐,
혹여나 다음에 또 보자는 인사가 영영 마지막이 될까 봐,
주말이 올수록 더 마음이 조급해졌다.

행정은 결국 사람을 돌보는 일이다.
그리고 사람을 돌보는 일에는

휴일이 따로 없다는 것을
나는 이 자리에서 매주 새롭게 배운다.

언제 마음 편히 쉴 수 있는 주말이 올까. 가끔은 그런 상상도 해본다.

그러나 아직은 아니다.
아직은 이 길 위에서
더 많은 손을 잡아야 하고,
더 많은 마음을 살펴야 한다.

쉼 없는 주말이
쉼 없는 마음을 만들어 준다면,
나는 그 무거움조차 감사히 받아들이겠다.

그것이 이 길을 선택한 내 삶의 이유이니까.

생각의 무게, 마음의 빛

문득, 같은 풍경이 왜 이렇게 다르게 다가오는 걸까 생각해 본다.

어제는 그토록 눈부시던 햇살이
오늘은 왠지 서글프게 느껴지고,
어제는 벅차도록 아름답던 강물이
오늘은 한없이 허무하게만 보인다.

풍경이 바뀐 것은 아니다. 바뀐 건 내 마음이다. 그리고 그 마음을 흔드는 건, 언제나 내 생각이었다.

생각 하나가, 사람을 살린다.

아무것도 아닌 말 한마디에도

"괜찮아, 해낼 수 있어"라는 믿음을 품으면

막막한 길 위에서도 다시 한 발 내디딜 수 있다.

그런데 같은 말 한마디가

"안 돼, 틀렸어"라는 그림자를 드리우면

아무 일도 일어나지 않았는데도

벌써 주저앉아버린다.

생각은 작은 씨앗이다.

어떤 마음에 심느냐에 따라

희망의 꽃을 피우기도 하고

슬픔의 가시덤불이 되기도 한다.

그러니 조심해야 한다. 내가 키우는 생각은 곧 내 삶의 모양이 된다. 아주 작은 상상조차 희망의 불씨가 될 수 있다는 걸 기억해야 한다.

때론 세상이 너무 차가워

내 마음마저 얼어붙는 순간이 있다.

그러니 항상 깨어 있어야 한다.

나를 돌이켜 내가 얼어붙지 않도록 해야 한다.

꿈은 아직 끝나지 않았다

많은 사람들이 내게 묻는다.

"이제는 다 이루신 것 아닌가요?"

하지만 나는 아직 끝났다고 생각하지 않는다.
내가 품은 꿈들은 여전히 살아 있고,
내가 해야 할 일들은 아직도 많다.

지금의 나는,
'무엇을 더 이룰까'보다
'무엇을 남길 수 있을까'를 고민한다.

내 걸음이 누군가의 희망이 되고,
내 선택이 누군가의 용기가 될 수 있다면

나는 끝까지, 이 꿈을 안고 걸어갈 것이다.

아직 피어나지 않은 꿈이
누군가의 내일이 되기를 바라며

PART 5
오늘도, 나는 꿈을 꾼다

어제의 나에게 띄우는 편지

한 개인의 습관은 생각보다 거대한 힘을 지니고 있다. 그리고 그 습관은 성공을 이루는 데 있어 결정적인 역할을 한다.

"여러분, 철학이란 무엇이라고 생각합니까?"

윤리 선생님의 질문이 교실 안에 크게 울려 퍼졌다. 그러나 학생들은 꿀 먹은 벙어리처럼 침묵했고, 정적만이 교실을 채웠다. 그때 한 학생이 정적을 깨고 외쳤다.

"그걸 모르니까 배우러 온 거 아닙니까?"

속으로는 '정말 황당한 대답이군.' 하고 생각했지만, 선생님의 표정은 오히려 여유로웠다. 미소를 머금은 채 다시 말씀하셨다.

"나는 여러분의 '생각'을 묻고 있습니다. 물론, 생각하지 않고 사는 사람은 답을 못하겠지요."

그리고 이어진 질문.

"여러분 스스로를 누구라고 생각합니까?"

윤리 선생님다운 질문이었다. 묵직하고, 어쩐지 멀게만 느껴졌다. 결국 아무도 대답하지 못했고, 우리는 '나는 누구인가'라는 묵직한 과제를 받아 들고 교실을 나섰다.

방과 후, 친구와 함께 따사로운 햇살 아래 운동장에 누워 쉬고 있었다. 그때 친구가 불쑥 물었다.

"내가 누굴까?"

"갑자기 왜 그래? 아직도 철학 수업 생각 중이냐?"

면박을 주었지만, 친구는 진지했다.

"단 한 번도 생각해 본 적 없어. 내가 누구인지."
"너? 넌 나의 좋은 친구지!"
"하하, 고맙다. 그런데 정말 나는 누구일까?"

나는 잠시 말을 잇지 못했다. 그리고 그 순간 처음으로 스스로에게 질문을 던졌다.

'나는 누구인가? 내 목표는 무엇인가?'

문득, 초등학교 시절 자기소개 시간에 했던 말이 떠올랐다.

"제 이름은 박강수입니다. 아홉 살이고요. 성격은 밝고 명랑해서 친구들과 어울리기를 좋아합니다. 꿈은 대통령이 되는 것입니다. 가난하고 어려운 사람들을 위해 일하고 싶습니다."

그때는 그렇게 당차게 말할 수 있었는데, 지금은 그 물음 앞에서 아무 말도 하지 못하고 있는 내 자신이 부끄러웠다.

주변 사람들도 제대로 알지 못했지만 정작 나 자신에 대해선 더더욱 알지 못했다.

도대체 나는 누구이며, 무엇을 위해 살아가는 것일까?

나는 조심스럽게 노트를 펼쳤다. 내 이름 박강수, 나이 아직 10대, 성격은 밝고 긍정적이며 교우 관계도 좋은 편이다. 고집이 다소 센 편이고 지는 걸 싫어한다.

하지만 지금 나는, 무엇을 위해 살아가는가?

답이 쉽게 나오지 않았다. 그래도 막연하게라도 삶의 목표를 적어보자고 마음먹고 펜을 들었다.

"누구나 자신을 위해 살아간다. 그러나 자신만을 위해 사는 삶은 뭔가 부족하다. 능력이 된다면 다른 사람의 삶도 돌봐야 한다."

이렇게 시작된 메모는 단순한 과제를 넘어서 하나의 습관이 되었다. 매달 한 번씩 나 자신을 돌아보며 기록했고, 시간이 지나면서는 매년 나에게 편지를 쓰는 습관으로 자리 잡았다.

그 습관은 지금까지도 이어지고 있다. 매년 나에게 보내는 편지는 내가 나를 되돌아보는 소중한 의식이 되었고, 후배들에게도 추천하고 싶은 자랑스러운 습관이 되었다.

새해가 시작되면 사람들은 다양한 계획을 세운다. 그러나 대부분은 작심삼일로 끝나버린다. 의지가 약한 사람에게 '시작'은 실패와 다르지 않다.

매년 나에게 보내는 이 편지는 특별하다.
어린 시절 우리는 무언가를 갖고 싶으면 바로 달려갔다. 그런 마음은 어른이 되어서도 사라지지 않았다. 그러나 마음만으로는 부족하다. 행동으로 옮겨야 진짜 시작이다.

'시작이 반'이라는 말이 있다. 하지만 요즘은 이 말을 잘못 해석하는 경우가 많다. 준비 없이 무작정 시작만 하면 된다는 착각이다. 아무런 계획도 없이 덤비면 실패는 당연하다.

에베레스트에 오르려는 산악인은 철저한 준비가 있어야 한다. 지리 조사, 장비 점검, 체력 훈련… 의욕만으로는 도전할 수 없는 일이다. 적성과 능력을 고려하지 않은 도전도 결국 헛된 길이 된다.

모든 일에는 '과정'과 '결과'가 있다. 과정이 중요하지만, 결과를 고려하지 않는 시작은 공허하다. 나에게 보내는 이 편지에는 늘 계획이 담겨 있다. 그것이 내가 매년 이 편지를 쓰는 이유다.

시간보다 큰 열정으로

사회사업 관련 잡지를 만들며 '노인은 무엇을 위해 사는가'라는 기사를 준비하던 때였다.

인터뷰 대상을 찾고 있던 중, 노인복지회관에서 한 할머니를 추천해주었다. "연세는 많으신데, 열정적으로 공부하시는 분"이라는 말에 흔쾌히 찾아뵙기로 했다.

아흔둘이라는 나이가 믿기지 않을 만큼 정갈하고 밝은 얼굴을 가진 그분은, 내게 먼저 "오케이!"라고 인사하며 웃으셨다.

"Thank you very much.", "You're welcome입니다."

익숙한 영어가 쏟아졌다. 방 안에는 영어책뿐 아니라 불어책도 놓여 있었다.

"불어도 공부하세요?"

할머니는 능청스럽게 웃으며 대답하셨다.

"그려, 이제 영어는 웬만큼 마스터했으니, 유럽 좀 다녀올라구~"

할머니의 영어 공부는 예순 살부터 시작됐다. "늦게 시작한 공부라 하루도 빠짐없이 5시간씩 했지. 처음엔 아무것도 몰랐어. 하나하나 다시 보기, 백 번도 넘게 한 거 같아."

그런 정성과 끈기가 결국 언어의 벽을 넘어서는 힘이 된 것이다. 할머니의 공부는 단지 지식을 위한 것이 아니었다.

"애들이 하와이 여행 보내줬는데 말이지, 내가 혼자선 뭐 하나 제대로 못 하겠더라고. 화장실도 못 찾겠고… 놀러 간 건 맞는데, 하나도 안 즐거웠어. 그때 결심했지. 영어 공부해야겠다고."

그 결심 하나로 이 어르신은 다시 학생이 되었다. 놀러 가자는 친구들의 유혹도, '이 나이에 무슨 공부냐'는 시선도 신경 쓰지 않았다.

"한 번 공부한다고 해놓고 금방 포기하면 내 자존심이 상하잖아. 그게 싫었어."

인터뷰를 마치고 돌아오는 길, 나는 묵직한 질문 하나를 품게 됐다.

'나는 지금, 어떤 열정을 품고 살아가고 있는가?'

할머니의 밝은 미소가 내게 말하고 있었다. 나이는 숫자일 뿐이고, 진짜 인생은 마음속에서 타오르는 열정이 만들어가는 것이라고.

"지금 당신의 나이가 중요하지 않다.
당신의 열정이, 당신의 인생을 결정한다."

남은 시간에도 피어날 꿈

해남 땅끝으로 바다를 보러 간 적이 있다. 끝없이 펼쳐진 수평선과 하얀 포말을 바라보며 문득, 사람이 한평생 산다는 것이 거짓말처럼 느껴졌다.

고향을 떠나 꿈을 쫓겠다고 다짐하며 자부심과 근성 하나만 믿고 무작정 도시로 뛰어들었다. 그 뒤로는 쉼 없는 나날이었다. 때로는 아등바등, 때로는 절치부심하며, 성공과 실패를 오가며 살아왔다.

세상이 흔드는 만큼 흔들렸고, 마음을 붙들고 버텨야 했던 시간도 많았다.

사람들은 내가 언론사를 운영하고 세계적인 특허기술을 개발한 기업의 대표라는 사실만 보고 '성공한 사람'이라 말한다. 하지만 가끔 짙은 허무감이 엄습해올 때면 나는 조용히 바다를 찾았다. 혹은 사옥 뒤편 한강변에 앉아 유유히 흐르는 강물을 바라보며 마음을 다독이곤 했다.

어느 날, 비가 세차게 퍼붓던 저녁이었다. 마치 이끌리듯 한강변에 섰고 그 물결을 보며 이런 생각이 들었다.

"때가 되면 사람은 떠나고 산천만이 남는다."

그 문장이, 빗물처럼 조용히 가슴속으로 스며들었다.

그렇다. 인생은 허무하다.

그러나 허무하다는 이유로 멈출 순 없다. 강물이 사라지더라도 그 물길은 이어지듯 나의 시간이 끝나도 이 나라의 사람들과 땅은 살아가야 하기에 나는 여전히 '꿈'을 꾼다.

언론은 내 필생의 사명이다. 살아 있는 한 공익성과 책임감을 지닌 매체로 만들어가야 한다는 소명은 결코 변함이 없다. 그리고 이 꿈과 함께 나는 또 하나의 꿈을 오래도록 간직해왔다.

'세상에서 가장 따뜻한 실버타운'을 만드는 것.

노인과 아이가 함께 살아가는 공동체를 짓고 싶다. 어릴 적부터 품어온 꿈이다.

나에게 은혜를 베풀어주신 어르신들을 모시고, 그분들이 단순히 쉬는 공간이 아니라 자급자족하며 사회에 기여할 수 있는 일터를 마련해드리는 곳. 그곳에서 자라나는 아이들은 노년의 지혜와 정성을 통해 진정한 인성을 배우게 될 것이다.

세상은 아직도 버림받은 아이들과 미혼모의 자식들을 냉혹하게 외면하고 있다. 해외 입양이라는 이름으로 그들을 떠나보낸 땅. 어떤 아이는 좋은 부모를 만나 성장하지만, 어떤 아이는 고통의 삶을 살아간다. 나는 그 현실에 충격을 받았다.

그래서 결심했다.
아이와 노인이 함께 살아가는 단순한 복지를 넘어 세대 간의 아름다운 동행이 이루어지는 공간을 만들자고.
내가 살아 있는 동안에 다 짓지 못하더라도 이 꿈은 언젠가 다른 이의 이름으로라도 반드시 이어지리라 믿는다.

그 길 끝에서, 나는 다시 돌아가신 어머님의 뜻을 떠올린다.

"사람은 사람답게 살아야 한다."

그 말처럼 내가 받은 사랑과 은혜를 또 다른 이에게 돌려주는 삶.
그것이 나의 남은 시간에도 여전히 피어날 꿈이다.

지금, 나는 마포구청장으로서 이 꿈을 하나씩 현실로 바꿔가고 있다.
행정의 자리에서 더 많은 이웃을 위해, 더 멀리 내다보며, 남은 시간에도 여전히 꿈을 피워내고 있다.

"진짜 꿈은 시간이 지나도 시들지 않는다.
남은 시간을 어떻게 살아갈지는,
오늘 내가 꾸는 꿈이 결정한다."

관계를 만드는 법, 신뢰를 쌓는 법

사람은 혼자 살 수 없다.

겉으로는 혼자 모든 것을 이룬 듯 보여도, 결국은 수많은 손길과 마음의 도움을 받으며 살아간다.
나 역시 살아오며 수많은 관계 속에서 웃고 울고, 배우며 걸어왔다.

신문사를 운영할 때도, 그리고 구청장이 된 지금도 나는 더 다양한 사람들을 매일같이 마주한다. 공무원, 주민, 상인, 학생, 어르신까지… 서로 다른 이야기를 가진 이들과 마음을 맞추는 일은 결코 쉽지 않았다.

그러나 사업이든 행정이든, 결국 '사람'을 중심에 두지 않으면 그 모든 노력은 빛을 잃는다는 걸 나는 매번 깨닫는다.

좋은 관계를 만들기 위해,
가장 먼저 배워야 할 것은 경청이다.
상대의 말을 끝까지 들어주고, 말보다 마음을 살피는 태도.
그리고 설령 내 뜻과 다를지라도, 한 번 더 귀를 기울이는 너그러움.
그 작은 배려가 관계의 씨앗이 되어 자란다.

또 하나, 신뢰는 약속에서 비롯된다. 아무리 사소한 약속이라도 끝까지 지키는 사람이 결국 큰 믿음을 얻는다.

나 역시 수많은 주민과 한 약속을 지키기 위해 밤늦게까지 현장을 돌며 직원들과 머리를 맞대고 대책을 고민하곤 한다.

작은 약속을 지킨 뒤, 고마움이 묻어나는 주민들의 얼굴을

마주할 때면

"신뢰는 말이 아니라 행동에서 온다"는 사실을 다시금 마음에 새긴다.

작은 약속 하나가 결국 큰 신뢰를 만들어 준다.

관계에는 또한 균형이 필요하다.

주기만 하거나 받기만 하면 언젠가 무너진다.
때로는 내 마음을 내려놓고 도움을 구할 수 있는 용기도
좋은 관계를 오래 이어가는 데 꼭 필요하다.

평소에도 작은 안부를 묻고, 함께 웃을 수 있는 순간을 나누는 일, 그런 사소한 소통이 쌓여야 위기에 흔들리지 않는 관계가 된다. 필요할 때만 연락하는 관계는 금세 메말라 버린다는 걸 잊지 말아야 한다.

그리고 마지막으로,
신뢰의 핵심은 꾸준함이다.

좋은 관계를 맺는 사람들의 공통점은 한결같다는 것이다.

상황이 바뀌어도 말과 행동이 다르지 않고,

변명하지 않으며, 시간을 들여 신뢰를 쌓는다.

그 한결같음이야말로 시간이 흘러도 흔들리지 않는

든든한 울타리가 되어준다.

나 또한 구청장으로서, 또 한 사람으로서

결국 나를 붙잡아 주는 힘은 사람과의 관계에서 비롯된다는 걸

매일같이 확인한다.

관계도, 신뢰도

결국은 거창한 기술이 아니라

작은 성실함과 꾸준함이 만든 기적임을

청년들이 마음 깊이 새겨주었으면 좋겠다.

기회는 준비된 자에게 온다

살다 보면 예상치 못한 순간에 기회가 찾아온다.

하지만 준비되지 않은 사람에게 기회는 그저 스쳐 가는 바람일 뿐이다.

멈춰 선 듯 보이던 내 삶에도 문득 찾아온 기회가 있었다.

그러나 돌이켜보면 그것은 갑작스러운 행운이 아니라,

차곡차곡 쌓아온 준비의 시간이 만들어 준 선물이었음을 깨닫는다.

스물아홉에 신문사를 창간했을 때도, 마포구청장이 되었을 때도 마찬가지였다. 결국 오랜 시간의 노력과 단련이, 그 기회를 내 쪽으로 불러들인 것이다.

사람들은 흔히 말한다.

"운이 좋았네."

하지만 나는 안다.
운은 준비된 사람에게만 미소 짓는다는 것을.

세상에 하루아침의 성공이란 없었다.
보이지 않는 곳에서 쌓아온 수십 년의 배움과 실패,
좌절 끝에 다시 일어선 용기가
결국 '기회'라는 이름으로 빛을 발하게 되는 것이다.

그렇다면 구체적으로 어떻게 준비해야 할까?

첫째, 관심의 폭을 넓혀라.
세상이 어떻게 움직이는지 귀를 기울이고,
내가 미처 몰랐던 분야에도 호기심을 가져라.

그래야 새로운 흐름을 누구보다 빠르게 읽을 수 있다.

둘째, 작은 기회라도 소홀히 하지 말라.
남들이 보잘것없다 여기는 일,
사소해 보이는 제안에도 마음을 열어보라.
의외로 큰 기회는 그 사소함 속에 숨어 있을 때가 많다.

셋째, 자신의 부족함을 인정하고 채워라.
배움에는 끝이 없다.
약점을 돌아보고, 한 걸음씩 보완하며
자신의 그릇을 넓히는 사람만이
기회 앞에서 흔들리지 않는다.

그리고 넷째, 인내심을 가져라.
준비에는 언제나 시간이 필요하다.
조급해하지 말고, 과정마저 사랑할 수 있는 마음을 가지라.
그 시간이 당신을 더 단단하게 만들어 줄 것이다.

기회는 결코 공평하지 않다.

누구에게는 빠르게, 또 누구에게는 한참을 돌아서 온다.

그러나 한 가지 분명한 것은,
한 번은 반드시 찾아온다는 사실이다.

그때 붙잡을 수 있느냐는
오직 당신의 준비에 달려 있다.

나 역시 숱한 시행착오를 겪었다.
기자로, 경영자로, 구청장으로…
수없이 배우고, 넘어지고, 익숙해질 때까지 반복했다. 그래서 기회가 왔을 때 도망치지 않고, 두려워하지 않고 맞설 수 있었다.

남보다 늦었다고 기죽지 말자.
조금 돌아가도 괜찮다.
하루하루를 성실히 쌓아가며 배우는 일만큼은
절대 멈추지 말길 바란다.

내가 걸어온 길이 증명하듯,

준비된 마음과 실력을 가진 이에게는

언제나 기회의 문이 열리게 되어 있다.

흔들릴 때 붙잡아야 할 것

살다 보면 누구나 흔들리는 순간이 찾아온다.
예상치 못한 시련, 쉽게 풀리지 않는 문제,
그리고 감당하기 벅찬 책임감까지.

그럴 때마다 나는 스스로에게 물었다.

"지금, 내가 놓치지 말아야 할 것은 무엇인가?"

흔들림을 이겨내기 위해
마냥 참고 버티는 것만으로는 부족하다.

나도 수없이 좌절하고 방황하면서

한 가지를 배웠다.

내가 다시 설 수 있었던 건

세 가지 기준 덕분이었다.

첫째, 나의 핵심 가치를 다시 확인하는 것이다.

조금 더 쉬운 길을 택했다면 덜 힘들었을지 모른다.

그러나 그때마다 묻곤 했다.

'처음에 왜 이 길을 선택했는가?'

그 마음을 되새기면

흔들리던 발걸음이 다시 단단해졌다.

둘째, 조언을 구할 사람을 정해두라는 것이다.

흔들릴 때 혼자 고민만 하면

생각은 더 깊은 어둠으로 빠지기 쉽다.

평소에 마음을 나눌 수 있는 선배나 동료,

믿을 수 있는 멘토를 한두 명만이라도 만들어두어라.

막막할 때 손 내밀 수 있는 사람이 있다는 사실이

얼마나 큰 위로와 힘이 되는지

나는 숱하게 느꼈다.

셋째, 작은 루틴을 지켜라는 것이다.
삶이 뒤흔들리는 순간일수록
하루하루를 지탱해 주는 규칙적인 습관이
마음의 버팀목이 된다.
잠자는 시간, 운동, 독서처럼
나만의 루틴을 꾸준히 이어가면
흔들림의 폭을 줄일 수 있다.

구청장으로서도 나는 수많은 선택의 무게에 흔들린 적이 있었다. 그럴 때마다 이 세 가지를 가슴에 붙잡고 다시 한 걸음씩 나아갈 수 있었다.

흔들리는 것은 결코 약한 것이 아니다.
흔들림 속에서도 다시 중심을 찾을 수 있는 사람,
그 사람이 결국 더 멀리 간다.

그러니 청년들에게 꼭 전하고 싶다.

핵심 가치, 의지할 사람, 작은 루틴

이 세 가지를 마음속에 새겨 두어라.

언제든 다시 일어설 수 있는

단단한 힘이 되어줄 것이다.

성장과 쉼, 균형을 배우다

나는 오랫동안 앞만 보고 달려왔다.

스물아홉에 언론사를 창간하고, 수많은 선택과 책임을 견디며 한 치 앞도 내다볼 수 없는 상황 속에서 버텨왔다.

구청장이 된 지금도 쉴 틈 없이 이어지는 현장과 민원 속에서 비로소 깨달았다. 나를 돌보는 시간이 얼마나 소중한 지를.

성장은 분명 중요하다.
하지만 쉼이 없는 성장은

언젠가 자신을 무너뜨린다는 걸
잊지 않았으면 한다.

몸과 마음이 함께 버텨주지 않으면
아무리 큰 성취도 끝내 오래가지 못한다는 것을
나 역시 깊이 느껴왔다.

하루쯤은, 아니 잠시라도 좋다.
숨을 고르고, 한 박자 늦춰 가더라도
자신을 바라보는 시간을 꼭 가지길 바란다.

세상은 늘 더 빨리, 더 멀리 달리라고 등을 떠밀지만 멈춤 없이 내달리다 보면 결국 길을 잃게 된다는 것을 기억해 주었으면 한다.

계획을 세울 때 휴식을 빼놓지 말자.
일정표의 빈틈을 '쉼'으로 채우고
나만을 위한 시간을 마련해 두어야 한다.

그리고 일을 떠나 마음이 설레는 취미 하나를 가져보자. 관계에서도 때로는 거리를 두어 혼자만의 공간에서 숨을 고르는 여유를 가지는 것도 필요하다.

이런 작은 배려들이
결국 다시 앞으로 나아갈 힘을 만들어준다.
쉬는 법을 아는 사람이
더 멀리, 더 오래 걸어갈 수 있다.

나는 청년들이 자신을 소중히 돌보며
성장과 쉼의 균형을 찾아
흔들림 없이 걸어가기를 바란다.

핵심 가치, 의지할 사람, 작은 루틴

이 세 가지를 마음속에 새겨 두어라.

언제든 다시 일어설 수 있는
단단한 힘이 되어줄 것이다.

에필로그

"그리하여, 저는 또 걸어갑니다"

삶은 매일 조금씩 저를 바꾸어 왔습니다.

무모했던 청년은 세상을 배우며 사람을 알게 되었고,

거친 풍파 속에서도 흔들리지 않는 믿음을 지니게 되었습니다.

제가 쥐었던 펜은 신문을 만들었고,

작은 한 장의 지면은 누군가에겐 세상을 여는 창이 되었습니다.

그리고 이제, 저는 사람과 사람 사이를 잇는 또 하나의 길 위에 섰습니다.

행정이라는 이름으로,
다시 처음처럼,
다시 진심으로.

돌아보면, 모든 시작은 참 작고 소박했습니다.
하지만 그 작은 시작들이 모여 지금의 저를 만들었습니다.

끝내 저는, 나의 방식으로 세상에 응답하고 싶었습니다.

누구보다 치열하게 버텼고, 누구보다 진심으로 걸어왔기에
아직 꺼지지 않은 열망 하나를 가슴에 품고 있습니다.

그것은 제 몫의 시간을 더 나은 누군가의 내일을 위해 쓰고 싶다는 마음입니다.

길의 끝이 어디일지 몰라도 괜찮습니다.

저는 끝이 아니라, 그 길 위의 사람을 믿으니까요.

그래서 오늘도, 아주 조용히, 다시 걸어갑니다.